内蒙古财经大学实训与案例教材系列丛书

丛书主编　金　桩　徐全忠

社会保障案例评析

主　编　娜仁图雅　乌仁格日乐

副主编　任海霞　魏瑞清　齐银昌

参　编　王美玲　张香春　刘晓菲

　　　　乌达巴拉　婷　婷

中国财经出版传媒集团

经济科学出版社

Economic Science Press

图书在版编目（CIP）数据

社会保障案例评析/娜仁图雅，乌仁格日乐主编．
—北京：经济科学出版社，2018.12
ISBN 978－7－5218－0068－5

Ⅰ．①社…　Ⅱ．①娜…②乌…　Ⅲ．①社会保障－案例－中国－高等学校－教材　Ⅳ．①D632.1

中国版本图书馆 CIP 数据核字（2018）第 283401 号

责任编辑：于海汛　李迎悦
责任校对：刘　昕
责任印制：李　鹏　范　艳

社会保障案例评析
主　编　娜仁图雅　乌仁格日乐
副主编　任海霞　魏瑞清　齐银昌
参　编　王美玲　张香春　刘晓菲
乌达巴拉　婷　婷
经济科学出版社出版、发行　新华书店经销
社址：北京市海淀区阜成路甲 28 号　邮编：100142
总编部电话：010－88191217　发行部电话：010－88191522
网址：www.esp.com.cn
电子邮箱：esp@esp.com.cn
天猫网店：经济科学出版社旗舰店
网址：http://jjkxcbs.tmall.com
北京密兴印刷有限公司印装
787×1092　16 开　8 印张　180000 字
2020 年 12 月第 1 版　2020 年 12 月第 1 次印刷
ISBN 978－7－5218－0068－5　定价：38.00 元
（图书出现印装问题，本社负责调换。电话：010－88191510）

前　言

新时代社会保障改革发展的一个显著时代特征，就是坚持以人民为中心的发展思想，以人民日益增长的美好生活需要为依归。习近平总书记在党的十九大报告中强调增进民生福祉是发展的根本目的，坚持在发展中保障和改善民生，并指出要加强社会保障体系建设，按照兜底线、织密网、建机制的要求，全面建成覆盖全民、城乡统筹、权责清晰、保障适度、可持续的多层次社会保障体系。所以，新时代我国社会保障体系建设迎来新的发展机遇，同时也面临着挑战。一方面，我国社会经济协调发展，将为全面深化社会保障制度改革和健全社会保障体系建设创造有利的基础条件；另一方面，新时代我国社会主要矛盾已经转化为人民日益增长的美好生活需要和不平衡不充分的发展之间的矛盾，在此背景下，人口老龄化加速、城乡流动就业人口规模扩大、精准扶贫脱贫的压力和促进国民福利体系等改革与发展面临的风险也在日益增大。因此，新时代需要更加完善社会保障制度，发挥保障人民生活、增加人民福祉、维护社会公平、助推供给侧改革的作用。

社会保障制度关系到国民经济发展和社会稳定的大局，关系到广大人民群众的切身利益和全面建成小康社会。有关社会保障制度改革问题的事件经常出现在媒体上，引起了社会各界的广泛关注与讨论。因此，在劳动与社会保障专业课程教学中，在讲解基本理论知识的基础上，应该运用大量经典案例引导学生更好地了解社会保障制度运行现状、分析社会保障制度存在的各种问题，让学生积极参与案例研讨和案例分析，以提高学生的专业能力。

劳动与社会保障专业是一个实践性、实用性很强的专业，在社会保障的人才培养和课程教学过程中，应紧密结合这一特点，提高学生的社会保障实践能力与应用能力，全面提高学生的专业能力和综合素质，使学生更好地适应社会保障的岗位需求。因此，案例教学、案例研讨成为劳动与社会保障课程教学和人才培养的重要方式。在劳动与社会保障专业课程教学过程中，不能局限于理论知识的讲解，而应该理论联系实际，尤其是结合我国社会保障改革与发展过程中的实践问题进行分析，培养学生发现问题、分析问题和解决问题的能力。

《社会保障案例评析》教材，结合劳动与社会保障专业理论与实践教学，劳动与社会保障专业人才培养方案和人才培养需求，精选一定数量的社会保险（基本养老保险、基本医疗保险、失业保险、工伤保险和生育保险）、社会福利（养老服务、儿童福利、教育福利）、社会救助（最低生活保障、医疗救助）方面的经典型案例并进行了凝练整合。这些案例，既有积极的正面案例，也有反映问题与不足的案例。这些案例的编写包括案例描述、案例评析两部分。案例描述是对案例事实的精准描述，包括案例的演进过程、来龙去脉；案例评析是案例的落脚点，主要是对案例的总结，并运用相关法律、法规分析案例问题和提出完善的建议。

《社会保障案例评析》教材，不仅适合劳动与社会保障专业、人力资源管理、公共事业管理、社会工作等专业的本科学生使用，也可供公共管理专业、劳动与社会保障专业、劳动经济学专业的硕士研究生使用。

目 录
CONTENTS

第一章　社会保险案例

第一节　养老保险

案例 1－1　替单位补缴养老保险费的问题

（一）案例描述

2007 年 9 月～2015 年 4 月，王某在某区某装卸公司从事环卫工作，公司仅为其缴纳了 2011 年 2 月之后的养老保险费。

2015 年 4 月，王某为能及时办理退休手续，自己缴纳了 2007 年 9 月～2011 年 1 月的养老保险费 1 万余元，后王某要求公司返还自己垫付的应由装卸公司承担的部分养老保险缴费 9000 余元遭拒，遂诉至某区法院。

某区法院审理过程中，原告已经办理了退休手续并享受保险待遇，原告主张要求被告返还自己为其垫付的养老保险缴费，被告对双方之间存在劳动关系、被告应为原告参保及养老保险缴费基准等事实均无异议，但被告以原告已放弃该部分养老保险费提出抗辩，认为系原告对自身财产权益的处分，其主张不应得到支持，对其抗辩被告未提供证据予以证实。

2015 年 9 月，某区法院判决被告装卸公司应偿还原告垫付的养老保险缴费 9000 余元。

（案例来源：齐鲁晚报，http：//www. qlwb. com. cn/2015/1026/482093. shtml。）

（二）案例评析

基本养老保险是保障劳动者老年风险的保险，是劳动者年老退出劳动力市场后的基本生活的保险，用人单位和劳动者必须依法参加社会保险，缴纳社会保险费，不得无故拖欠或者拒缴社会保险费。

《中华人民共和国劳动法》第七十二条规定："社会保险基金按照保险类型确定资

金来源，逐步实行社会统筹。用人单位和劳动者必须依法参加社会保险，缴纳社会保险费。”第一百条规定：“用人单位无故不缴纳社会保险费的，由劳动行政部门责令其限期缴纳，逾期不缴的，可以加收滞纳金。”

《中华人民共和国社会保险法》第六十三条规定：“用人单位未按时足额缴纳社会保险费的，由社会保险费征收机构责令其限期缴纳或者补足。……”

本案中，被告未为原告足额缴纳社会保险费，原告为能及时办理退休手续，自己缴纳本应由用人单位缴纳的社会保险费，并非出于原告自愿，被告违反法定义务未为原告缴纳社会保险费，侵害了原告的财产权益，给原告造成损失，理应承担相应的赔偿责任。

养老保险费依法强制缴纳是保证养老保险基金收支平衡以及养老保险制度可持续运行的物质基础。1999 年，国务院发布《社会保险费征缴暂行条例》，规定社会保险费征收机构由省级人民政府决定，保险费既可由社会保险经办机构征收，也可由税务机关征收。20 年后，为了增强养老保险费的征缴力度，《国税地税征管体制改革方案》规定，从 2019 年 1 月 1 日起，我国各项社会保险费由税务部门统一征收。虽然基于国内外各种复杂因素的影响，2019 年 4 月国务院办公厅发布的《降低社会保险费率综合方案》决定，暂缓社会保险费交由税务部门的改革，社会保险费暂按现行征收体制继续征收，在征收体制改革过渡期间，“成熟一省、移交一省”①。但需要明确的是社会保险费征收体制改革是完善社会保险管理体制和治理方式的重大改革，有利于进一步明确部门职责分工，规范征缴管理，提高征缴效率，降低征收成本，优化缴费服务，增强参保缴费人获得感，实现社会保险资金安全、可持续增长。

案例 1－2　养老金补缴问题

（一）案例描述

2014 年，深圳市一家制衣厂的农民工肖某和工友们起诉深圳市社保局追缴养老金。2015 年 10 月，二审的判决结果是肖某败诉。肖某不服，继续上诉。

肖某来深圳市打工已经 20 年，但是工厂只给自己缴纳了不到 8 年的养老保险费，肖某想要自己补缴，可深圳市社保局却以追缴养老保险费期限已过为由拒绝受理。

1994 年，肖某来到深圳市打工。1998 年，深圳市出台了《深圳经济特区企业员工社会养老保险条例》，要求企业为员工购买养老保险，并从 1999 年 1 月 1 日起施行。当时，肖某所工作的工厂以没有工作满 5 年为由未为肖某等缴纳社会养老保险费。直到 2006 年 9 月，工厂给肖某第一次缴纳了养老保险。然而 2014 年 4 月，肖某满 50 岁，达到了法定的退休年龄。按照深圳市的养老保险条例，员工必须缴够 10 年的养老保险费

---

① 郑秉文. 社会保险缴费与竞争中性偏离——对征收体制改革过渡期政策的思考［J］. 中国人口科学，2019（4）：2－16.

才能补缴。

在肖某及工友们的要求下，工厂同意补缴，但是社保局却按照条例规定不允许补缴。2014 年 7 月，肖某与几名工友，一同将深圳市人力资源和社会保障局告上了法庭，要求追缴工厂从 2002 ~ 2006 年的养老保险费。

2014 年 11 月，一审判决结果，肖某败诉。同年 10 月，工厂突然倒闭。追缴的可能性微乎其微，肖某提请上诉。2015 年 7 月 27 日，深圳市中级人民法院驳回肖某的上诉，维持原判。

（案例来源：央视网经济频道《经济半小时》栏目，http：//jingji. cntv. cn/2015/10/23/VIDE1445534453635721. shtml。）

（二）案例评析

按照深圳市的养老法律条例，员工必须缴够 10 年的养老保险才可以自己续缴剩下的保险金，且只限于对两年之内的可以进行补缴。2013 年 1 月 1 日施行的《深圳经济特区社会养老保险条例》（以下简称《条例》）中涉及补缴时效的条款有两个，分别是第四十条和第五十一条。其中，《条例》第四十条规定：“职工认为用人单位未按照规定为其缴纳养老保险费的，应当在知道或者应当知道权利被侵害之日起两年内向市社保机构投诉、举报。投诉、举报超过两年的，市社保机构不予受理。”

该规定与 2004 年施行的《劳动保障监察条例》第二十条“违反劳动保障法律、法规或者规章的行为在 2 年内未被劳动保障行政部门发现，也未被举报、投诉的，劳动保障行政部门不再查处”的规定类似。

《条例》第五十一条规定：“本条例施行前，用人单位及其职工未按照规定缴纳养老保险费，超过法定强制追缴时效的，可以申请补缴养老保险费，并自应缴之日起按日加收万分之五的滞纳金。滞纳金分别纳入基本养老保险统筹基金和地方补充养老保险基金。”虽然《条例》第五十一条规定可以申请补缴养老保险，但是在实践中，当劳动者向社保部门申请补缴时，社保部门常常以超过两年强制追缴时效为由不予受理。深圳社保局有关负责人曾解释称，如果不限制补缴，违反了公平原则，参保单位和参保人当时放弃按照低标准缴费，而现在选择按当时的标准补缴本金和少量的滞纳金，是对其他按月正常参保人的不公平，也是对社保基金安全的冲击。

2018 年 9 月，广东省人力资源和社会保障厅、广东省民族宗教委、广东省财政厅、国家税务总局广东省税务局联合出台的《关于进一步规范企业职工基本养老保险参保缴费政策的通知》第一条规定：“各地不得违反国家规定采取一次性缴费的方式将超过法定退休年龄等不符合条件人员纳入职工基本养老保险参保范围。”2019 年 9 月下发的《人力资源社会保障部办公厅关于职工基本养老保险关系转移接续有关问题的补充通知》进一步对城镇职工基本养老保险关系转移接续历史遗留问题进行了补充说明。

农民工作为一个特殊的群体，因其流动性大，收入水平偏低且不稳定等特征决定了该群体的参保问题与其他群体的参保问题有着很大区别。根据国家统计局发布的《2018

年全国农民工监测调查报告》，2018 年全国农民工总量为28836 万人，其中50 岁以上的农民工占22.4%，比上年提高 1.1 个百分点，近五年呈现逐年提高的趋势[①]。这也说明，农民工群体的年龄结构在老化，在我国城镇职工基本养老保险制度不断完善的背景下，该群体的相关权益是否得到了保障是值得全社会关注的问题。

另外，《中国流动人口发展报告 2016》提供的数据显示，2015 年中国流动人口规模高达2.47 亿人，占总人口的18%。在这个庞大的群体里，除了城乡流动人口，还存在着一部分比例不断上升的流动人群——城际流动人口，即拥有城镇户籍的流动人口。但是学术界对该群体的社会保障权益尤其是养老保障权益的缺失问题并没有给予足够的关注度[②]。

案例1－3　高薪不能替代养老保险

（一）案例描述

某一从事计算机软件开发的外商独资公司，高薪聘用了一位博士毕业生赵某，担任副总经理。当时，公司董事长在谈到工资待遇时，告诉赵某：月工资为12000 元，除了工资以外，没有其他福利待遇，例如医药费报销、养老等。赵某同意了该待遇水平。赵某为了解除自己的后顾之忧，每月从工资中拿出1000 元，向保险公司投了一份养老保险。几个月后，由于赵某与董事长在公司的经营管理等重大问题上产生了分歧，被董事长炒了“鱿鱼”。赵某不服，双方为此打到了劳动争议仲裁委员会。

在劳动争议仲裁委员会，赵某同时又提出了公司未给他缴纳养老保险的问题，他认为，这也是侵犯他合法权益的行为。但公司董事长抗辩称：公司不为赵某缴纳养老保险费是事先已经达成一致的，并且赵某已经在保险公司投了养老保险。

（案例来源：《国际金融报》2006 年1 月23 日第一版，http：//www. ifnews. com。）

（二）案例评析

养老保险是国家为了保障职工退休后的基本生活，而建立的一种社会保障制度，也是社会保险的一种。《中华人民共和国劳动法》（以下简称《劳动法》）第七十条规定，“国家发展社会保险事业，建立社会保险制度，设立社会保险基金，使劳动者在年老患病、工伤、失业、生育等情况下获得帮助和补偿。”《劳动法》规定的这种社会保险，不同于保险公司的金融保险，主要区别在于：（1）前者是在与用人单位发生劳动关系时，劳动者应享有的权利，但后者却不是；（2）前者是强制性的，即企业和劳动者必

① 国家统计局 . 2014 年全国农民工监测调查报告［EB/OL］. http：//www. stats. gov. cn/tjsj/zxfb/201504/t20150429_797821. html.

② 杨发萍、林晓兰. 家庭迁移对城际流动人口养老保险参与的影响研究——基于2016 年全国流动人口动态监测数据的实证分析［J］. 西北人口，2019，40（4）：23－34.

须依法参加，而后者是自愿性的，即是否参加，完全凭企业或劳动者自愿。所以，赵某自己向保险公司投保的养老保险，不能代替社会保险中的养老保险。

本案中，不能因为赵某当初默许同意公司不参加养老保险，就可以免除公司的责任了。因为《劳动法》第七十二条中规定："社会保险基金按照保险类型确定资金来源，逐步实行社会统筹。用人单位和劳动者必须依法参加社会保险，缴纳社会保险费。"这说明，参加社会保险、缴纳社会保险费不光是用人单位的义务，也是劳动者的义务。对于劳动者的权利，劳动者当然可以放弃，但是对于义务，就必须履行，无权放弃。

综上，该公司以高薪取代职工的养老保险，是违反法律规定的。该公司必须依法为职工缴纳养老保险费，同时还应缴纳失业、医疗等政府规定的社会保险费。

案例1－4　单位没缴养老保险费问题

（一）案例描述

农民工张某于2002年4月至南通某公司工作，2016年10月30日，张某达到60周岁法定退休年龄，公司向他发出退休通知书，让张某在一周内办理退休离职手续。为退休待遇问题，张某于2016年11月向南通市某区劳动人事争议仲裁委员会申请了仲裁，后不服仲裁结果，于2017年1月诉至法院。

南通法院一审认为，2016年10月30日起，张某已达法定退休年龄，公司不再安排张某工作，张某亦未继续提供劳动，故双方的劳动关系终止。用人单位应按国家规定为劳动者缴纳社会保险费。养老保险待遇损失应根据江苏省相关规定，赔偿张某养老金待遇损失5万余元。

张某不服判决，提起上诉。南通中院经审理后认为，一审认定事实清楚，适用法律正确，依法驳回上诉，维持原判。

（案例来源：扬子晚报，http://www.yangtse.com/app/qinggan/2018－03－04/526501.html。）

（二）案例评析

我国的社会保险强制缴纳制度，是按不同地区、不同企业类型的实际情况逐步推行的。各地、各种类型企业的具体实施时间存在一定差异。

根据2007年8月发布的《江苏省企业职工基本养老保险规定》，全省所有企业参加养老保险的施行日期为2007年9月1日。

该案中的南通某公司属于私营企业，2007年9月1日前尚不属于基本养老保险覆盖范围。张某2002年4月进入公司，公司未为其缴纳职工养老保险，不属于"应缴未缴"相关社保的法定情形，但2007年9月江苏全面强制缴纳基本养老保险后，公司仍未为张某办理参保手续并缴纳养老保险费，违反了《中华人民共和国社会保险法》第十二条及《江苏省企业职工基本养老保险规定》的第四条和《江苏省社会保险费征缴条例》的第四条，故应自2007年9月1日起承担赔偿张某养老保险待遇损失的责任。

江苏省高级人民法院、江苏省劳动人事争议仲裁委员会印发的《关于审理劳动人事争议案件的指导意见（二）》第二十条规定："劳动者超过法定退休年龄请求用人单位赔偿养老保险待遇损失，且经社会保险经办机构审核确实不能补缴或者继续缴纳养老保险费的，自该用人单位依法应当为劳动者办理社会保险之日起，如果劳动者在用人单位连续工作未满十五年，用人单位应按照每满一年发给相当于一个月当地上一年度职工月平均工资标准一次性支付劳动者养老保险待遇赔偿。如果劳动者在用人单位连续工作满十五年，用人单位应按统筹地区社会保险经办机构核定的，以当地最低社会保险缴费基数为缴费基准，并按其应当缴费年限确定养老金数额，按月支付劳动者养老保险待遇，并随当地企业退休人员养老金水平调整而调整。"

在该案中，张某连续工作未满15年，公司应自依法应当为张某办理社保之日起，即2007年9月1日起，按每满一年发给一个月南通市2015年度职工月平均工资5496.42元的标准，一次性支付张某养老保险待遇损失。所以，公司应赔偿张某养老金待遇损失5万余元。

案例1－5 延迟办理退休手续人员的养老待遇损失由单位承担

（一）案例描述

罗某自1993年起入职江门某冶金厂，一直在该厂担任保卫员，至2011年7月达到法定退休年龄，可以办理退休，但因单位延迟为其办理退休手续，导致罗某未能领取社保基金发放的2011年7～9月养老金，向单位主张未果。为此，2011年12月罗某遂申请劳动仲裁，要求某冶金厂支付其2011年7～9月的养老待遇损失1311元。

经江门市劳动人事争议仲裁委员会主持调解，由某冶金厂支付罗某的养老保险待遇损失。

（案例来源：江门市人社局，http：//ldj.jiangmen.gov.cn/zcfg/zcjd/201411/t20141113_646837.html。）

（二）案例评析

《中华人民共和国社会保险法》第十五条规定："基本养老金由统筹养老金和个人账户养老金组成。基本养老金根据个人累计缴费年限、缴费工资、当地职工平均工资、个人账户金额、城镇人口平均预期寿命等因素确定。"第十六条规定："参加基本养老保险的个人，达到法定退休年龄时累计缴费满十五年的，按月领取基本养老金。……"职工达到法定退休年龄，累计缴费满十五年的，用人单位应向社保经办机构办理按月领取养老金手续，养老金由当地社保经办机构根据本人累计缴费年限、缴费工资、当地职工平均工资、个人账户金额、城镇人口平均预期寿命等因素核定，按月发放。我国男职工的法定退休年龄为年满60周岁，女职工的法定退休年龄为年满50周岁，从事特殊工作的，符合条件的职工可以办理提前退休。

本案中，罗某达到法定退休年龄，并累计缴纳社会保险费满十五年以上，符合办理退休，享受按月领取养老保险待遇的条件。由于单位的原因，未能及时为罗某在社保经办机构办理退休手续，致使罗某无法领取2011年7~9月的养老待遇，责任在于单位，故由单位承担相应的赔偿责任。

2018年9月18日，李克强总理在国务院常务会议上特别强调，必须按照国务院明确的“总体上不增加企业负担”的已定部署，确保社保现有征收政策稳定，在社保征收机构改革到位前绝不允许擅自调整。对历史形成的社保费征缴参差不齐等问题，严禁自行集中清缴①。

案例1-6　公司未缴社保导致养老保险待遇损失的赔偿问题

（一）案例描述

郑某于2001年3月17日到无锡某公司工作，2012年4月18日年满50周岁，达到法定退休年龄后，仍继续在公司工作，在职期间未参加社会保险。

2016年6月，公司以口头方式辞退郑某，通知其于2016年7月1日前离职。

郑某认为其于2016年6月与公司解除劳动关系时在公司已连续工作满15年，公司未缴社保，导致其无法领取退休金，公司应赔偿养老保险等社保待遇损失50万元及支付违法解除劳动关系的赔偿金15万元。

案件经过仲裁、诉讼。一审法院认为，双方的核心争议焦点是劳动者达到法定退休年龄是否与用人单位终止劳动关系。经查，至郑某达到退休年龄之日，公司应缴费而未缴费年限约为11年，郑某在达到退休年龄时不符合按月领取养老金的条件，法院按照当时每满一年发给相当于一个月当地上一年度职工月平均工资标准一次性核算养老保险待遇损失赔偿金额。当地2011年度职工月平均工资是3920元，则相应赔偿金额为43120元。故此，一审法院认为，因双方的劳动关系系郑某达到法定退休年龄而终止，郑某主张公司违法解除劳动合同没有事实依据，其主张赔偿金不予支持。一审法院判决公司赔偿郑某养老保险待遇损失43120元。

郑某不服，提起上诉。二审判决驳回上诉，维持原判。

郑某申请再审。江苏高级法院经审查认为，原判认定自2012年5月起，郑某与公司之间不再构成劳动关系，并无不当。郑某申请再审认为其达到法定退休年龄后与公司依旧构成劳动关系，于法无据，本院不予采纳。

---

① 李克强．各地一律保持现有社保政策不变［EB/OL］．中华人民共和国人民政府网，2018-9-18，http：//www.gov.cn.

2017 年 11 月 2 日，江苏高级法院做出裁定：驳回郑某的再审申请。

（案例来源：劳动法库，http：//www.360doc.com/content/18/0612/16/5512889_761745528.shtml。）

（二）案例评析

本案争议焦点为：第一，郑某达到法定退休年龄后继续在公司工作，其与公司之间是劳动关系还是劳务关系；第二，公司未为郑某缴纳社会保险费，公司应否赔偿郑某社保待遇损失。

关于争议焦点之一，《中华人民共和国劳动合同法》第四十四条规定："有下列情形之一的，劳动合同终止：（一）劳动合同期满的；（二）劳动者开始依法享受基本养老保险待遇的；……"《中华人民共和国劳动合同法实施条例》第二十一条规定："劳动者达到法定退休年龄的，劳动合同终止。"因此，劳动者达到法定退休年龄或者劳动者虽未达到法定退休年龄，但已经开始依法享受基本养老保险待遇，两种情形发生其中之一的，劳动关系均应依法终止。

关于争议焦点之二，劳动者超过法定退休年龄请求用人单位赔偿养老保险待遇损失，且经社会保险经办机构审核确实不能补缴或者继续缴纳养老保险费的，自该用人单位依法应当为劳动者办理社会保险之日起，如果劳动者在用人单位连续工作未满 15 年，用人单位应按照每年发给相当于一个月当地上一年度职工月平均工资标准一次性支付劳动者养老保险待遇赔偿。

通过该案例所了解的重点是：第一，劳动者达到法定退休年龄则劳动合同终止，其依据则是《中华人民共和国劳动合同法实施条例》的第二十一条规定。第二，劳动者达到法定退休年龄继续工作会形成的关系。目前司法实践中有三种观点：一是建立劳务关系；二是建立劳动关系；三是建立特殊劳动关系。本案中江苏高院采纳的是劳务关系的观点。第三，用人单位未参加社会保险，劳动者主张养老保险待遇损失需具备两个条件：一是用人单位未办理社保手续；二是社会保险经办机构不能补办。其依据是：《最高人民法院关于审理劳动争议案件适用法律若干问题的解释（三）》第一条规定："劳动者以用人单位未为其办理社会保险手续，且社会保险经办机构不能补办导致其无法享受社会保险待遇为由，要求用人单位赔偿损失而发生争议的，人民法院应予受理。"

案例 1－7　员工养老保险无法补缴问题的处理

（一）案例描述

王某于 1994 年 2 月 22 日入职蔡某公司任普工一职，王某于 2009 年 7 月 7 日向蔡某公司书面申请不购买养老保险，此后，蔡某公司分别于 2011 年 11 月 22 日、2013 年 5

月20日在厂区内张贴通知，要求未办理缴纳养老保险的员工尽快到蔡某公司人事处办理参保手续，但王某一直未前来补办参保手续。

2014年3月27日，王某达到法定退休年龄，根据法律规定，劳动合同自然终止，蔡某公司为此与其终止劳动关系。蔡某公司根据现行规定为王某补办了养老保险。2014年10月17日，蔡某公司根据现行法律规定为王某补缴了2012年4月~2014年3月的养老保险费。

王某认为，在蔡某公司连续工作20年，蔡某公司没有为王某办理养老保险，现又不能补办养老保险，应当一次性赔偿。根据深圳市2013年度退休职工社会养老金标准2790元，酌情主张60%，计算年限根据国家统计局公布的我国居民平均寿命75岁，主张25年的赔偿时间。

深圳市社会保险基金管理局于2015年6月25日出具《关于王某信访投诉问题的答复》载明：王某要求蔡某公司补缴1994年2月~2014年3月的养老保险费，其中2012年4月~2014年3月共计两年的养老保险费已补缴。由于已经超过《劳动保障监察条例》第二十条规定的有效追溯期，该局无法为王某追缴1994年2月~2012年3月期间的养老保险费。另根据《深圳经济特区社会养老保险条例》第五十一条的规定："本条例施行前，用人单位及其职工未按照规定缴纳养老保险费，超过法定强制追缴时效的，可以申请补缴养老保险费，并自应缴之日起按日加收万分之五的滞纳金。滞纳金分别纳入基本养老保险统筹基金和地方补充养老保险基金。"深圳市人力资源和社会保障局正在根据此条款制定具体补缴办法，在具体补缴办法尚未出台前，该局无法办理此类补缴业务。

王某提起诉讼。一审裁定驳回王某的起诉。王某不服继续上诉，二审裁定予以维持一审原判。王某申请再审。高院认为，本案不属于不能补办社会养老保险的情形，王某提起本案诉讼，不符合《最高人民法院关于审理劳动争议案件适用法律若干问题的解释（三）》第一条的规定。王某请求撤销一、二审裁定的理由不能成立。

（案例来源：劳动法库，http：//www.360doc.com/content/17/0517/12/1113159_654669309.shtml。）

（二）案例评析

《最高人民法院关于审理劳动争议案件适用法律若干问题的解释》第一条规定："劳动者与用人单位之间发生的下列纠纷，属于《劳动法》第二条规定的劳动争议，当事人不服劳动争议仲裁委员会作出的裁决，依法向人民法院起诉的，人民法院应当受理……；（三）劳动者退休后，与尚未参加社会保险统筹的原用人单位因追索养老金、医疗费、工伤保险待遇和其他社会保险费而发生的纠纷。"

《最高人民法院关于审理劳动争议案件适用法律若干问题的解释（三）》第一条规定："劳动者以用人单位未为其办理社会保险手续，且社会保险经办机构不能补办导致其无法享受社会保险待遇为由，要求用人单位赔偿损失而发生争议的，人民法院应予受理。”

根据以上条款，劳动者要求用人单位赔偿的条件有两个：一是用人单位未给劳动者缴纳养老保险费；二是社会保险经办机构明确不能补缴。本案例不属于法院受理范围，且不具备要求用人单位赔偿养老金待遇的第二个条件。

根据《广州劳动争议诉讼情况白皮书（2014～2016）》记载，广州涉及社会保险纠纷的案件大幅上升。2014～2016 年，劳动争议中涉及社会保险纠纷的案件占全部一审案件的比例均在 40% 以上。虽然征缴社保是相关行政职能部门的职责，但确认劳动关系是缴纳社会保险的先决性和前提性问题。因此，在诉讼层面，相当一部分社会保险纠纷是以确认劳动关系纠纷的方式出现的。2014～2016 年，涉及确认劳动关系的案件在全部劳动争议案件中所占比例已接近 50%①。这说明，在我国社会保险制度不断完善的背景下，仍存在很多急需解决的突出问题，需要各地区、各部门进一步完善相关法律法规，确实做到“有法可依”。

案例 1－8　养老保险待遇纠纷

（一）案例描述

2007 年 2 月，冯某开始在重庆市江津区某机械有限责任公司上班。2007 年 11 月 9 日～2012 年 8 月 15 日，某机械公司先后三次与冯某签订了书面劳动合同，但未为冯某缴纳养老保险费。2012 年 7 月 5 日，冯某以某机械公司未给其参加社会保险为由，向某机械公司发出《解除劳动合同通知书》，要求解除双方之间的劳动关系，某机械公司于次日收到该通知书。此后，冯某提起仲裁、诉讼，要求某机械公司赔偿养老保险待遇损失。

（案例来源：中国法院网，https：//www. chinacourt. org/article/detail/2015/05/id/1635516. shtml。）

（二）案例评析

《最高人民法院关于审理劳动争议案件适用法律若干问题的解释（三）》第一条规定：“劳动者以用人单位未为其办理社会保险手续，且社会保险经办机构不能补办导致其无法享受社会保险待遇为由，要求用人单位赔偿损失而发生争议的，人民法院应予受理。”

冯某在某机械公司工作期间，某机械公司未依法为其缴纳养老保险费，故某机械公司应承担冯某在其单位工作时间年限相应的损害赔偿责任。当前，关于养老保险待遇赔偿标准各地没有统一标准。重庆市高级人民法院民一庭《关于用人单位未为劳动者办理

① 广州市中级人民法院. 广州劳动争议诉讼情况白皮书（2014－2016）［EB/OL］. http：//www. gzcourt. gov. cn/xwzx/bps/2017/05/12101750325. html.

社会保险手续，且社会保险经办机构不能补办导致劳动者无法享受社会保险待遇的，用人单位应如何赔偿损失的通知》中规定，如劳动者在同一用人单位工作年限满 15 年的，则参照劳动者达到法定退休年龄前一年的重庆市退休职工社会月平均养老金标准的 70% 确定劳动者的损失，由用人单位按月赔付；如劳动者在同一用人单位连续工作不满 15 年的，则以劳动者在用人单位的实际工作年限除以 15 年，再乘以其达到法定退休年龄前一年的重庆市退休职工月社会平均养老金标准的 70% 确定劳动者的损失，由用人单位按月赔付。

具体到本案例，赔偿数额应当以上年度统筹区域社会平均养老金为标准，按照劳动者在用人单位的工作年限与以统筹区域人口平均预期寿命计算的享受养老保险待遇的年限的比例进行计算。重庆市江津区 2011 年度社会平均养老金标准为 1515. 33 元/月，重庆地区人口平均预期寿命 75. 7 岁，冯某在某机械公司的工作时间为 5. 33 年，故某机械公司应当支付冯某养老保险待遇损失 101442. 51 元（1515. 33 元/月 ×12 月/年 ×15. 7 年 ×5. 33/15 年）。

案例 1－9　单位未及时办理退休手续导致的养老金损失

（一）案例描述

1993 年，广西北流市的赵某某（女）进入北流市某林场工作，成为林场国家固定工人。2012 年 5 月，赵某某向北流市人社局提出退休申请。同年 6 月 13 日，赵某某达到法定退休年龄。但因林场对档案管理不善，无法及时找到原告的转正档案材料，导致直到 2013 年 12 月 20 日赵某某的退休手续才得以审批通过。人社局确定赵某某从 2013 年 12 月 31 日起退休，退休金为每月 1818. 8 元。从而，赵某某损失了从 2012 年 6 月 13 日 ~2013 年 12 月 31 日共 18 个月的退休金。

为了维护自身的合法权益，原告赵某某于 2017 年 9 月向北流市人民法院起诉，请求判决被告北流市某林场赔偿原告 18 个月的退休金损失。经审理，法院判决如下：被告北流市某林场赔偿原告赵某某退休待遇损失 32728. 4 元。

（案例来源：中国法院网，https：//www. chinacourt. org/article/detail/2017/12/id/3131550. shtml。）

（二）案例评析

公民享有劳动权，而劳动权既包括工作权，也包括退休、养老保险及获得社会救济等内容。根据《中华人民共和国劳动法》第七十三条规定：“劳动者在下列情形下，依法享受社会保险待遇：（一）退休；（二）患病、负伤；（三）因工伤残或者患职业病；（四）失业；（五）生育。劳动者死亡后，其遗属依法享受遗属津贴。劳动者享受社会保险待遇的条件和标准由法律、法规规定。劳动者享受的社会保险金必须按时足额

本养老保险费公缴部分，严某退还纺织公司为其发放的社会养老保险补助4900元。

（案例来源：中国法院网，https://www.chinacourt.org/article/detail/2014/01/id/1195555.shtml。）

（二）案例评析

用人单位为其职工缴纳养老保险费是法律规定的义务，也是每个劳动者的基本权益。我国相关法律条款均对此作了明确规定，任何个人和单位都不允许违反法律规定，剥夺劳动者的参保权益。

《中华人民共和国劳动合同法》第四十六条规定："有下列情形之一的，用人单位应当向劳动者支付经济补偿：……；（五）除用人单位维持或者提高劳动合同约定条件续订劳动合同，劳动者不同意续订的情形外，依照本法第四十四条第一项规定终止固定期限劳动合同的；……"《中华人民共和国劳动法》第七十二条规定："社会保险基金按照保险类型确定资金来源，逐步实行社会统筹。用人单位和劳动者必须依法参加社会保险，缴纳社会保险费。"《中华人民共和国社会保险法》第四条规定："中华人民共和国境内的用人单位和个人依法缴纳社会保险费，有权查询缴费记录、个人权益记录，要求社会保险经办机构提供社会保险咨询等相关服务。个人依法享受社会保险待遇，有权监督本单位为其缴费情况。"

依据以上法律条款，2002年9月~2013年3月，被告在原告处工作期间，原告一直没有为被告缴纳社会养老保险费，原告纺织公司的不作为，已违反了相关法律条款之规定。纺织公司应为严某补缴社会养老保险费公缴部分，但被告严某应退还原告已发放给被告的社会养老保险补助4900元，且被告的社会养老保险费个缴部分应由其本人负责缴纳。

基本养老保险制度是保障劳动者老年生活的一项社会保险制度。近些年，随着我国人口老龄化进程的加快，城镇职工基本养老保险参保人数减少，领取待遇人数不断上升，给我国城镇职工基本养老保险制度的可持续运行带来了挑战。在未来，养老保险基金收支平衡问题是关系养老保险制度健康发展的关键所在。在此背景下，党的十九大报告指出，全面建成覆盖全民、城乡统筹、权责清晰、保障适度、可持续的多层次社会保障体系，全面实施全民参保计划。因此，必须做到加强养老保险费征缴力度，不断提高参保率，进行有效投资，提高基金的监管效率，才能确保实现"老有所养"的基本目标。

第二节　医疗保险

案例1－12　监守自盗：医保工作人员伪造发票套取医保金

（一）案例描述

为筹集赌资和偿还高利贷，湖南省靖州县医保局工作人员廖某竟打起了国家医疗保险金的主意。廖某与他人密谋，采取虚构他人异地住院，伪造异地住院发票及相关证明的方式，套取医保基金30余万元。近日，廖某被怀化市人民检察院依法决定逮捕。

2012年4～5月，廖某多次与无业人员苏某密谋，虚构他人异地住院，伪造异地住院发票及相关证明来套取医保基金，致使13万余元的医保资金被套取。2012年8月，廖某用同样的方式，以孔某、黄某、罗某等5人的名义从靖州县医保局套取18万余元的医保资金。

据介绍，套取医保的发票及病历，均为省外医院虚假票据及病历，多集中为广州、深圳、佛山等广东地区的医院，客观上导致医保局难以对参保人员是否在外省住院的真实性进行核实。骗领手续一般是通过第三人办理，且涉案的参保人员多为下岗职工、无业人员。靖州医保系列案被骗取医保卡的8人中，有6人为下岗职工，两人为退休职工，这些人缺乏单位统一、有效的管理，医保局难以核实其是否异地住院，8个代为办理医保报销的人中，有6人是无业人员，医保局难以核实其与参保患者的关系。

“通过单个人名义套取医保资金数额巨大，是靖州医保系列案暴露出的最主要作案特点。”检察院检察长李某告诉记者，据调查，每套取一个人的医保资金购买虚假票证需支付2000元，感谢他人提供医保卡及经办医保报销手续各需支付1000～2000元不等的好处费，只有虚构癌症等重大疾病报销数额较大医保资金才可实际获利。所办案中，以单个人名义报出的医保资金最高达70000多元，最低的也有17000多元。靖州医保系列案中，在异地就诊报销环节中发生的贪污犯罪具有一定代表性。

（案例来源：中华财会网，http：//www.e521.com/cksw/alfx/396211.shtml。）

（二）案例评析

本案例属于社会保险经办机构工作人员利用职务之便骗取基本医疗保险统筹基金的行为。《中华人民共和国社会保险法》第八十九条的规定：“社会保险经办机构及其工作人员有下列行为之一的，由社会保险行政部门责令改正；给社会保险基金、用人单位或者个人造成损失的，依法承担赔偿责任；对直接负责的主管人员和其他直接责任人员依法给予处分：（一）未履行社会保险法定职责的；（二）未将社会保险基金存入财政专户的；（三）克扣或者拒不按时支付社会保险待遇的；（四）丢失或者篡改缴费记录、享受社会保险待遇记录等社会保险数据、个人权益记录的；（五）有违反社会保险法律、法规的其他行为的。”第九十一条规定：“违反本法规定，隐匿、转移、侵占、挪用社会保险基金或者违规投资运营的，由社会保险行政部门、财政部门、审计机关责令追回；有违法所得的，没收违法所得；对直接负责的主管人员和其他直接责任人员依法给予处分。”因此在本案中社会保险行政部门应将被廖某侵占的基本医疗保险基金追回，并对廖某依法给予处分。

上述案例中所述的社会保险经办机构工作人员的行为非常恶劣，严重侵害了广大参保人群的合法权益，破坏了基本医疗保险基金的正常运行，造成了恶劣的社会影响。国家医疗保障局办公室、财政部办公厅于2018年11月29日印发了《欺诈骗取医疗保障基金行为举报奖励暂行办法》，本办法所称的欺诈骗取医疗保障基金行为主要包括：涉及定点医疗机构及其工作人员的欺诈骗保行为、涉及定点零售药店及其工作人员的欺诈骗保行为、涉及参保人员的欺诈骗保行为和涉及医疗保障经办机构工作人员的欺诈骗保行为。要求各地从2019年起深入开展治理行动，加大对医疗保障基金的监管力度。另外，继医保行政管理体制改革之后，作为执行机构的医保经办机构体制同样需要改革①。

案例1－13　用人单位未为员工缴纳医疗保险，员工受伤可向用人单位主张医保待遇损失

（一）案例描述

申请人王某某2012年2月10日到被申请人处北京某保洁公司从事保洁员工作，同日双方签订《劳动合同书》合同期间为一年，自2012年2月10日起，至2013年2月10日。申请人入职后，被申请人未依法为申请人缴纳社会保险。2012年6月27日申请人突发脑出血被送往北京朝阳医院治疗，共花费治疗费59000元，王某某多次拿票据找保洁公司报销，保洁公司让王某某先自动提出辞职，然后再商量补偿问题。无奈之下，申请人向朝阳仲裁委申请劳动仲裁：（1）因被申请人未为申请人缴纳医疗保险费，导致申请人不能享有医疗保险待遇，因此被申请人应赔偿相应的医疗保险待遇损失共计59000元。（2）另外被申请人尚拖欠申请人2012年6～7月的工资未支付。（3）要求被申请补缴自2012年2月10日以来的社会保险。

庭审中，某保洁公司称，申请人的病情是由自身的原因造成的，并不是工作中受伤，因此不同意支付医疗补偿。

（案例来源：110法律资讯网，http：//www.110.com/ziliao/article－308436.html。）

（二）案例评析

本案的争议焦点是，用人单位未及时的为员工缴纳社会保险，是否应该为员工的医疗待遇损失买单呢？

用人单位不按照规定缴纳基本医疗保险费，劳动者无法享受医疗保险待遇。劳动者有权依法索赔。理由如下：

（1）根据《中华人民共和国劳动法》及其他相关法律的规定，用人单位为员工缴纳社会保险是用人单位的法定义务。

（2）根据《北京市基本医疗保险规定》第五十八条规定："用人单位不按照规定缴纳基本医疗保险费或者大额医疗费用互助资金，致使基本医疗保险基金未能按照规定划

① 陈仰东．医保经办机构体制改革的思考［J］．中国医疗保险，2019（2）．

入个人账户，职工和退休人员不能享受相关医疗保险待遇的，用人单位应当赔偿职工和退休人员由此造成的损失。”

（3）如果用人单位拒绝赔偿，劳动者可以依据《最高人民法院关于审理劳动争议案件适用法律若干问题的解释（三)》、北京市高级人民法院《劳动争议案件审理中涉及的社会保险问题研讨会会议纪要》、北京市高级人民法院和北京市劳动争议仲裁委员会《关于劳动争议案件法律适用问题研讨会会议纪要》的规定，向劳动争议仲裁委员会提起劳动仲裁，或者直接向人民法院提起诉讼。

因此在本案中，王某某的仲裁请求得到了支持。

案件提示：用人单位一定要加大法律意识及规范用工。用人单位在员工入职时，应尽量按照法律规定为员工缴纳社会保险（如工伤保险、医疗保险、养老保险等)，虽然这可能会增加生产成本，但会避免很多不必要的法律风险，而且有利于吸引更多优秀人才。

案例1－14 定点医院通过开具虚假病历等骗取医保基金

（一）案例描述

在长达三年多的时间内，海南安宁医院开具虚假病历、虚列住院病人人数，套取医保金2400多万元，用于发放医护人员奖金和福利。医院原院长符永健因犯合同诈骗罪、受贿罪，被海口市中院判数罪并罚，执行有期徒刑17年，剥夺政治权利5年，并处罚金人民币10万元，没收个人财产10万元。

“挂床住院”：医院“下套”骗医保只为员工发奖金，海南省安宁医院是当地一家有名的省级精神病专科医院，也是海南省医保定点医院。在最近三年多的时间里，医护人员的奖金连年翻番增长，医院盈利也大幅提高。然而，收入的提高竟全部来自骗取国家医保基金的非法途径。记者从海口市检察院了解到，海南省安宁医院属于精神病专科医院，精神病复发率较高，患者一般需要长期治疗。有科室利用这个漏洞，通过虚增“请假病人”，安排“挂床住院”的方式套取医保，增加收入。

所谓“挂床住院”，是患者办理了住院手续但实际上并未入住病房接受治疗，仍然由国家医疗保险基金为其支付费用。一位知情人士说，这是一种典型的套取国家医疗保险基金的违法行为。

所套取的医保基金并不能直接到个人手中，为什么医护人员愿意“以身试法”？记者从海南省安宁医院了解到，由于医护人员的奖金与科室收入挂钩，科室的业务量增长，科室医护人员的奖金也水涨船高。

海南省纪委审查结果显示：海南安宁医院2009～2012年，利用虚开检查项目和医嘱，大量“挂床”套取医保，虚列住院病人2962人次，套取医保资金2414万元。

“67000多元的治疗费，医院也没收过我们一分钱。”一位名叫詹连丽的女士介绍，其父2010年5月1日~2011年9月6日没有在海南省安宁医院真实住过院，只是挂个名，按时到医院领药或打针。当时医生答应，挂名在医院办理住院就可以享受医疗保险报销和免费拿药。

事实上，随着“挂床病人”越来越多，漏洞也越来越多。办案人员调查中发现多个雷同的伪造病历，还有不同患者数据完全相同的化验单。

海南省安宁医院临床四科医生许某介绍说，科室之所以收治挂床病人，原因在于病人和医院都可以得到好处。病人可以免费吃药和治疗，在挂床期间应由其个人承担的费用医院做了减免，医院也可以通过医保报销增加收入。

医保覆盖面做“加法”监管机制不应做“减法”。全国医保全面扩容后，医保金保证供给与控制费用的双重责任加重。目前，医保基金已逐渐成为医疗机构主要收入来源。部分医院开始千方百计通过骗取医保基金，增加医院收入。

据记者了解，在海南省，骗取医保基金的医院绝非海南安宁医院一家。海南东方市8所港区卫生院套取医保资金83万余元，该院院长等7人于2013年6月被检察机关提起公诉；海南省中建农场医院套取医保资金47万余元，该院院长已于2014年8月被海南省农垦总局纪委立案调查。

（案例来源：中华文本，http：//www. chinadmd. com/file/ocrou6xipwstor363apsseov_2. html。）

（二）案例评析

这是一起定点医院开具虚假病历、虚列住院病人人数，套取基本医疗保险基金的案例。根据《中华人民共和国社会保险法》第八十七条规定：“社会保险经办机构以及医疗机构、药品经营单位等社会保险服务机构以欺诈、伪造证明材料或者其他手段骗取社会保险基金支出的，由社会保险行政部门责令退回骗取的社会保险金，处骗取金额二倍以上五倍以下的罚款；属于社会保险服务机构的，解除服务协议；直接负责的主管人员和其他直接责任人员有执业资格的，依法吊销其执业资格。”

医保基金作为基本医疗保险制度运行的物质基础和财力保证，在整个医疗保障事业建设中发挥着非常重要的作用，如果医保基金被挪用、骗取，将损害广大参保人员对医保体系的信心，扰乱国民经济的稳定和发展[①]，社会危害极大，因此，完善对医保基金的监管，严防欺诈骗保行为[②]，防控医保领域道德风险，尤其是作为医疗服务提供方的医疗机构的道德风险，有着非常重要的现实意义。

① 许东敏．台湾经验：医疗保险欺诈之异常表征及应对［J］．中国保险，2015（10）．

② 宋颖，吴易欣，施祖东．从骗保个案探讨医疗机构如何加强异地就医管理［J］．中国卫生产业，2015（11）．

案例1-15　病假期间能否解除劳动关系？

（一）案例描述

田某2012年7月大学毕业后，应聘到某商贸公司工作，从事客户服务工作，用人单位与他签订为期三年的书面劳动合同。由于工作表现突出，2014年田某被提拔为客户服务部经理。2015年3月初，田某不幸被查出患有肾病（非职业病），为了更好地配合治疗及休养身体，田某请了半年的病假，彻底停止工作专心治病，用人单位批准了田某的病假。2015年7月，田某接到商贸公司与其终止劳动合同的通知，公司在通知中告知田先生：因其身体状况已经不适合原工作岗位，公司也没有其他适合田某的岗位，并且公司同田某签订的为期三年的劳动合同已经到期，公司愿意按法律规定向田某支付经济补偿金，但不再同田某续签劳动合同。田某不愿离开用人单位，认为自己请了病假还没有到期，病假也是得到了用人单位批准的，并且自己还在治疗中。田某于2015年8月到仲裁部门申请仲裁，请求裁决与用人单位续签劳动合同。

（案例来源：找法网，http：//china. findlaw. cn/laodongfa/laodongguanxi/laodongguanxidejiechu/1253159. html。）

（二）案例评析

本案例的焦点在于：第一，田某在病假期，用人单位能否与之解除劳动合同？第二，病假期与医疗期是否一样？

病假期是指员工因患病或非因工负伤后，由其用人单位批准的治疗和休息期限。医疗期是指员工因患病或非因工负伤，根据法律规定，员工依法享有的停止工作治病休息期限。医疗期是建立在病假的基础之上，没有病假也就没有医疗期。《中华人民共和国劳动合同法》第四十二条规定："劳动者有下列情形之一的，用人单位不得依照本法第四十条、第四十一条的规定解除劳动合同：……（三）患病或者非因工负伤，在规定的医疗期内的；……"

其中，第（三）款明确规定用人单位在规定医疗期内，不得与员工解除劳动合同。员工的医疗期长短在法律上也是有明确规定的。根据原劳动部颁发的《企业职工患病或非因工负伤医疗期规定》第三条规定："企业职工因患病或非因工负伤，需要停止工作医疗时，根据本人实际参加工作年限和在本单位工作年限，给予三个月到二十四个月的医疗期：（一）实际工作年限十年以下的，在本单位工作年限五年以下的为三个月；五年以上的为六个月。……"第四条规定："医疗期三个月的按六个月内累计病休时间计算；六个月的按十二个月内累计病休时间计算；……"

案例中，田某在用人单位工作三年，其法定医疗期为三个月，三个月的医疗期可在六个月内累计休完。从田某被查出患病之日起，田某就没上过班，其医疗期在2015年6

月就已休完。2015 年 6 月往后，田某不再是医疗期内休假，单位也不再受医疗期影响。田某的劳动合同在 2015 年 7 月到期，劳动合同期满后，商贸公司不再与田某续签劳动合同的行为，并不违法。

在现实生活中，员工“泡病假”的事时有发生，“泡病假”不但增加了企业的用工成本，也无形中助长了部分劳动者好逸恶劳的风气，不利于塑造健康的企业文化。因此，作为企业人力资源管理部门，应该在员工请休病假时同时告知其依法可以享受的医疗期及相关待遇，让员工知悉病假工资及正常工作时间工资的差异及医疗期满后的风险。

案例 1 – 16　出借医保卡引出的问题

（一）案例描述

在上海市某三级医院住院治疗的安徽人许某，因肝癌病情加重，医治无效，于 2011 年 5 月 1 日去世。家人为其办理死亡证明时，却遇到了麻烦，因为许某住院登记时用的是本市参保人员沈某的名字。病历上记录的是沈某死亡，许某家属却要求院方出具许某的死亡证明。

医生根据相关规定，拒绝了家属的要求。家属不得不承认许某为贪图少付医疗费用，借用了沈某的医保卡住院治疗。沈某一个大活人，因出借医保卡给他人使用，转眼间变成一个“死人”。为拿到死亡证明，许某家属只好到医保管理部门，请求更改医保就医记录，将沈某从“死人”变回活人。

市医保监督检查所查实后，依据本市医保有关规定，责令沈某退回因出借医保卡被冒用的医保基金 3543 元，并对其给予了行政罚款 1000 元。同时告诫医院，加强对就医参保人的医保卡信息核对工作，避免再次发生类似事件。

（案例来源：新民晚报，http：//sh. sina. com. cn/news/s/2011 – 07 – 27/1554190668. html。）

（二）案例评析

2011 年 5 月 1 日开始实施的《上海市基本医疗保险监督管理办法》第十八条规定：“参保人员或者其他个人在就医或者购药过程中有下列行为之一的，市人力资源社会保障局应当责令其退回已由医疗保险基金支付的相关基本医疗保险费用，并可处以警告或者 100 元以上 2000 元以下的罚款；情节严重的，处以 2000 元以上 1 万元以下的罚款，还可以对其采取改变基本医疗保险费用记账结算方式 1 至 6 个月的措施：（一）将本人的基本医疗保险凭证出借给他人使用，或者通过有偿转让诊疗凭证、结算单据，进行基本医疗保险费用结算的；（二）冒用他人基本医疗保险凭证或者伪造、变造基本医疗保险凭证，进行基本医疗保险费用结算的；（三）通过重复就诊或者伪造、变造、涂改病史、处方、报销凭证、医疗费用单据等方式，进行基本医疗保险费用结算的；（四）变卖由基本医疗保险费用结算的药品的；（五）采取其他损害医疗保险基金的方式，进行基本医疗保险费用结算的。”根据第（二）款的规定，市医保监督检查所责令沈某退回因出借医保卡被冒用的医保基金3543元，并对其给予了行政罚款1000元。

案例提示：医疗保险基金是老百姓的“救命钱”，具有“专款专用”的性质，违规使用医疗保险基金最终损害的是每一个参保人的切身利益，为了减少此类案件的发生，建议如下：第一，各地要加强违法违规使用医保卡的宣传活动，让广大参保者认识到并清楚借用他人医保卡或出借的严重后果；第二，加大出借或借用医保卡的惩处力度，不仅要惩处借用方，更要惩处出借方；第三，应将此类骗取医保基金额度小、未构成刑事犯罪的，纳入个人诚信系统，记入个人诚信档案。

案例1－17　农村合作医疗不得因缺失医疗费票据原件拒绝补助

（一）案例描述

2015年1月1日，河南某县新型农村合作医疗管理办公室（以下简称“新农合办”）为以张某为户主（包括闫某）的六人办理了新型农村合作医疗。2015年11月9日，闫某外出期间突发急性脑出血入住广东省河源市人民医院治疗，后按要求补办了转诊证明。闫某共支付医疗费用12万余元，河源医院为其出具医疗收费票据一张。后闫某不慎丢失该票据，河源医院又为其出具该票据存根联复印件并加盖医院收费专用章。闫某向新农合办申请对此笔医疗费报销时，新农合办以票据无原件，可能已经通过其他途径（职工保险）享受补助为由拒绝办理。

（案例来源：找法网，http：//china. findlaw. cn/lawyers/article/d592598. html。）

（二）案例评析

这一案例的焦点：是否应为闫某办理新农合基金补助?

（1）《中华人民共和国社会保险法》第二十八条规定：“符合基本医疗保险药品目录、诊疗项目、医疗服务设施标准以及急诊、抢救的医疗费用，按照国家规定从基本医疗保险基金中支付。”《河南省新型农村合作医疗统筹补偿方案指导意见（2014年版）》规定，新农合基金只能用于参合人员的医疗费补偿，并规定了哪些医疗费用不纳入新农合基金支付范围。《河南省城乡居民基本医疗保险实施办法（试行）（2016年版）》规定，参保居民发生的属于“三个目录”范围的医疗费用，由城乡居民医保基金按规定支付。2012年9月21日财政部、卫生部发布的《医疗收费票据使用管理办法》第四条规定：“……医疗收费票据是按照国家有关规定申请医疗费用报销的有效凭证。”但不是唯一凭证。显然，医疗费票据原件缺失不是法定的拒绝提供补助的理由。

（2）是否应当为参保人员提供补助应以参保人员是否实际住院及支出医疗费为主

要判断标准。医疗费票据原件虽重要，但遗失不可避免，医疗机构可根据票据存根出具证明、在票据存根复印件上加盖印章，同时附带相关病历、医疗费用清单等材料，如这些材料相互印证，能够证实患者医疗费用支出情况，可以作为参保人员申请医疗费用补助基金的凭证。

（3）为防止骗取社会保险待遇，医疗保险经办机构设立更为严格的审核程序和审核标准无可厚非，但强化审核程序主要指医疗保险经办机构在办理补助过程中应注重对提交材料的审查，避免因审查不认真、不严格导致社会保险基金被套取、骗取。医疗保险经办机构不能因此推卸自身职责，过度增加参保人员责任。查实闫某是否重复获取补助，新农合办公室有更大的便利，其可以通过内部系统或者依职权进行调查，而非由闫某对这一否定性事项承担举证责任。本人认为，不应仅以缺失医疗费票据原件为由拒绝补助。若闫某提供的其他材料均符合要求，且有证据证实其实际支出的医疗费用，新农合办就应按规定核准补助。

案例 1－18　交通事故医疗费用不应在城乡居民基本医疗保险中报销

（一）案例描述

2016 年 10 月 30 日 11 时，被告谢某驾驶一辆轿车行至河南省内乡县大桥乡某路段时与原告张某驾驶的电动车相撞，造成张某受伤、车辆受损的交通事故。事故发生后，谢某立即将张某送往医院治疗。张某共花去医疗费 8409. 98 元，新农合报销 802 元，自费 7607. 98 元。

经鉴定，当地交警大队认定：谢某负此事故的全部责任，张某无责任。后张某伤情经内乡县法院委托某法医鉴定所鉴定：张某构成十级伤残，护理期 50 天，营养期 80 天。张某为此支付交通费 300 元，鉴定费 1300 元。由于涉案车辆在被告平安财险南阳支公司（下称“保险公司”）处投有保险，故原告张某请求法院判令被告谢某与保险公司赔偿其医疗费、护理费、伤残赔偿金等各项经济损失合计 36965. 78 元，被告保险公司要求新农合已报销的部分应从赔偿款中扣减。

（案例来源：江西省宜黄县人民检察院网，http：//www. jxyihuang. jcy. gov. cn/yasf/201709/t20170926_2072859. shtml。）

（二）案例评析

本案双方的争议焦点为：张某在新农合中所报销的医疗费 802 元是否应当从赔偿款中扣除？

张某因谢某违规驾车受伤，由此发生的医药费不属于新农合报销的范围，应由负事故全责的谢某与保险公司承担，新农合已报销的部分属于违规操作，应该被收缴并上交国家。主要依据为：

第一，依照《河南省新型农村合作医疗统筹补偿方案指导意见（2014 年版）》的规定，“应当由第三人负担的”医疗费不在新农合报销范围内。2016 年 11 月 17 日印发 2017 年 1 月 1 日实施的《河南省城乡居民基本医疗保险实施办法（试行）》中也规定了“应当由第三人负担的”医疗费用不纳入城乡居民医保基金支付范围。因第三人原因造成伤害引发的医药费由新农合或城乡居民基本医疗保险报销，容易侵犯公共利益，并且违背新农合或城乡居民基本医疗保险“保障农民获得基本卫生服务”的初衷。因此，本案中，原告张某因交通事故引发的医药费用不能由新农合或城乡居民基本医疗保险报销，原告已报销的行为应属于弄虚作假，骗取报销，依法不能支持。

第二，根据我国侵权责任法和道路交通安全法实施条例的规定，谢某与保险公司应赔偿张某因此次事故造成的各项经济损失。本案中，谢某违反交通安全驾驶车辆造成张某受伤，经交警部门认定，谢某应对此次事故承担全部责任。可见，谢某对撞伤张某存在过错，必须对其过错行为造成的后果承担相应的民事赔偿责任，即赔偿张某因此次事故造成的各项经济损失。因涉案车辆在被告保险公司处投有保险，故依照法律规定和保险合同的约定，应由保险公司在保险责任限额内承担赔偿责任，这是保险公司应尽的义务，让违法骗取的新农合报销款抵扣其赔付义务，既无法律依据，也不合情理。

综上，原告张某在此次交通事故中产生的各项经济损失应由谢某与保险公司赔偿。张某已由新农合报销的 802 元医药费应当由相关主管部门予以收缴并上交国家。

案例 1－19　医保不能再报销肇事者已赔医疗费

（一）案例描述

5 个月前，姚某被邱某驾驶的小车撞成重伤，经交警部门认定，邱某负事故的全部责任，姚某则无须承担事故责任。通过双方协商，邱某赔偿了姚某包括医疗费用在内的全部损失。

近日，姚某以自己已参加基本医疗保险，并按时、按量缴纳相关费用，有权同时获得来自不同渠道的赔偿为由，要求另行从基本医疗保险基金中报销医疗费用，但被社会保险经办机构拒绝。理由是，在因侵权导致伤害的情况下，只要侵权人已作出赔偿，受害人便无权要求从基本医疗保险基金中报销医疗费用，即姚某无权获得双重赔偿。姚某想问社会保险经办机构的说法对否？

（案例来源：人民健康网，http：//health. people. com. cn/n1/2017/0302/c14739－29118260. html。）

（二）案例评析

社会保险经办机构的说法正确，姚某确实无权同时获得来自侵权和基本医疗保险基金双重赔偿。

第一，从民事赔偿原则上看，侵权人赔偿与基本医疗保险基金支付不能同时并存。医疗保险报销医疗费用和侵权人赔偿医疗费用，是对医疗费用不同渠道、不同性质的处理，但这并不等于两者可以重叠、可以交叉。因为就侵权损害赔偿而言，法律及相关司法解释将受害人的人身损失分为财产损失和精神损害，而医疗费属于财产损失的范围，其赔偿应当遵循损失填平原则，即将受害人的损失全面填补，损失多少，赔偿多少，使受害人在经济上不受损失。本案中，既然姚某从侵权人邱某处获得了全部的医疗费用赔偿，表明姚某已经不存在医疗费用损失，如果仍然从基本医疗保险基金报销医疗费用，无疑会使姚某得到了超出财产损失之外的费用，从而违反了损失填平原则。

第二，从现有法律规定上看，姚某的要求为法律所禁止。《中华人民共和国社会保险法》第三十条规定："下列医疗费用不纳入基本医疗保险基金支付范围：（一）应当从工伤保险基金中支付的；（二）应当由第三人负担的；（三）应当由公共卫生负担的；（四）在境外就医的。医疗费用依法应当由第三人负担，第三人不支付或者无法确定第三人的，由基本医疗保险基金先行支付。基本医疗保险基金先行支付后，有权向第三人追偿。"

国家设立医疗保险制度的目的在于保障公民患病时能得到应有的医疗救治，并不是减轻侵权人的赔偿责任。如果可以减轻侵权人的责任，不仅会使社会基本医疗保险基金的利益受损，还会降低侵权人的违法成本，引发侵害他人却不必由自己买单的道德风险，因此决定了只要是"应当由第三人负担的"医疗费用，就不能让社会保险经办机构承担，即使已经承担，社会保险经办机构也有权向侵权人追偿。

案例 1－20　自杀抢救治疗费能否在医保基金中列支

（一）案例描述

某参保人员入院治疗时声称是在家擦玻璃时摔伤的。而后社保机构调查发现，其应当是自杀受伤，这在公安机关对该人员的笔录中有记录。地方政策规定因自残、自杀发生的医疗费用，医保基金不予支付。

（案例来源：《中国社会保障》杂志网，https：//www. lw5u. com/zz/zgshbz/news/itemid－708316. html。）

（二）案例评析

自杀抢救治疗费究竟应否纳入基本医疗保险基金支付范围？

《中华人民共和国社会保险法》第二十八条规定："符合基本医疗保险药品目录、诊疗项目、医疗服务设施标准以及急诊、抢救的医疗费用，按照国家规定从基本医疗保险基金中支付。"第三十条规定，不纳入基本医疗保险基金支付范围的情况具体包括

“应当从工伤保险基金中支付的”“应当由第三人负担的”“应当由公共卫生负担的”和“在境外就医的”。其适用规则是，参保人员的医疗费用符合第二十八条规定同时不具有第三十条规定情形的，均应当纳入医保基金支付。由于自杀后产生的医疗费用并不属于第三十条规定的情形，因此自杀后产生的费用只要符合第二十八条规定就应当纳入基金支付范围。从理论上来说，基本医疗保险是要保障参保人员发生的医疗费用支出，自杀后的救治费用符合这一目的。

案例中提到“地方政策规定自杀、自残发生的医疗费用，医保基金不予支付”，2015 年 3 月 15 日发布的《关于修改〈中华人民共和国立法法〉的决定》（修正）第八十八条规定：“法律的效力高于行政法规、地方性法规、规章。行政法规的效力高于地方性法规、规章。”由此可见，地方政策与《中华人民共和国社会保险法》发生冲突时，应该按《中华人民共和国社会保险法》的规定处理。因此，本案中提到的某参保人员的医疗费用应纳入基本医疗保险基金支付范围。地方政策中出现医保基金支付范围不同于《中华人民共和国社会保险法》的，基本上都形成于《中华人民共和国社会保险法》之前，既然与《中华人民共和国社会保险法》相冲突，就应当及时废止或修改。

案例 1－21　医疗费报销后不能再要求赔偿

（一）案例描述

2015 年 3 月 20 日，李某与吴某驾驶的二轮摩托车发生碰撞，发生交通事故，致李某受伤，李某受伤后住院治疗 12 天，花费医疗费 6850 元，其中 2600 元已获新农合报销。经交警部门认定，吴某负事故的主要责任，李某负事故的次要责任，涉案二轮摩托车未投保交强险。

2015 年 7 月，李某向法院起诉，要求吴某赔偿医疗费、误工费等各项损失合计 12800 余元，含已报销的医疗费 2600 元。本案的争议焦点为：吴某应否赔偿李某已经医保报销的 2600 元医疗费。

（案例来源：江苏经济报，http：//jsjjb. xhby. net/mp2/pc/c/201708/23/c367448. html。）

（二）案例评析

本案的争议焦点为：吴某应否赔偿李某已经新型农村合作医疗报销的 2600 元医疗费？

本案中，对于原告已报销的医疗费，被告是否应当赔偿，有两种观点：第一种观点为，不应支持已报销的医疗费。李某已经报销的 2600 元医疗费，并不属于其直接损失，故吴某不应赔偿。人身损害赔偿属《侵权责任法》的范畴，《侵权责任法》的目的在于补偿受害人因侵权行为所遭受的损失。如将基本医疗保险已报销的费用纳入侵权人赔偿范围，则有违侵权法的立法宗旨，会使受害人获得额外利益。第二种观点为，对于李某已报销的医疗费，吴某仍应赔偿。医疗保险和人身损害赔偿属于不同的法律关系，报销的部分是李某参加基本医疗保险获得的合法收益，法律并不禁止受害人在取得社会保险待遇后再向侵权人索赔，且李某报销医疗费的行为也未加重吴某的赔偿责任。笔者支持第二种观点。理由如下：

第一，从法律关系的角度来看，医疗保险和侵权责任隶属两种不同的法律关系。医保报销的医疗费是受害人基于保险合同关系所享有的权益，应属合同之债。受害人向侵权人主张赔偿是基于侵权行为，属侵权之债。两者性质不同，不能因相互间在标的物上出现重合就直接予以扣减。

第二，从医疗保险的原则来看，医疗保险的原则是“谁投保谁受益”。受害人获得医疗收益是因其自身付出一定保险费而得到的收益，该部分保险利益应属于受害人个人所有，不应成为免除侵权人赔偿义务的理由，否则受害人投保，却是侵权人受益，违背公平原则。

第三，从现行的法律规定来看，《中华人民共和国社会保险法》第三十条规定：“……医疗费用依法应当由第三人负担，第三人不支付或无法确定第三人的，由基本医疗保险基金先行支付。医疗保险基金支付后，有权向第三人追偿。”《中华人民共和国社会保险法》第四十六条规定：“被保险人因第三者的行为发生死亡、伤残或者疾病等保险事故的，保险人向被保险人或者受益人给付保险金后，不享有向第三人追偿的权利，但被保险人或者受益人仍有权向第三者请求赔偿。”由此可见，被保险人从保险人处获得赔偿，不影响其向第三者请求赔偿。

综上所述，因李某参加的是新型农村合作医疗制度，因此，根据《中华人民共和国社会保险法》的规定，吴某应当赔偿李某所花费的医疗费，社会保险经办机构可要求李某退回已报销的医疗费。如果李某投保的是商业医疗保险的话，根据《中华人民共和国保险法》的规定，李某不仅可以向保险公司要求赔付医疗费，而且还可以向吴某请求赔偿。

案例 1 – 22　基本医疗保险基金先行垫付医疗费用后有权作为第三人参加诉讼

（一）案例描述

2014 年的某天，陆某系某园林公司的职工，其在执行职务过程中，驾驶公司名下的汽车将李某撞伤，该车在某保险公司投保交强险。李某起诉陆某、园林公司和某保险公司承担医疗费、误工费、残疾赔偿金、精神损害赔偿金等各项损失共计 178819.8 元。一审法院判决某保险公司赔偿李某各项损失 81402 元，某园林公司赔偿 81122.8 元。二审法院认为，李某所主张的医疗费 84894.8 元中由南京市基本医疗保险基金大病统筹支付了 84865.29 元，该部分费用李某并未实际支付。南京市基本医疗保险基金支付该大病统筹费用后，有权向第三人进行追偿。原审法院审理中未将南京市基本医疗保险基金管理机构追加为当事人，其判决结果有可能影响南京市基本医疗保险基金的利益。遂裁定撤销原判，发回重审。

（案例来源：110 法律资讯网，http：//www.110.com/ziliao/article－501488.html。）

（二）案例评析

《中华人民共和国社会保险法》第三十条规定："……医疗费用依法应当由第三人负担，第三人不支付或者无法确定第三人的，由基本医疗保险基金先行支付。基本医疗保险基金先行支付后，有权向第三人追偿。"上述"先行支付"的条款充分体现了以人为本的理念，可以有效地保障公民的社会保险权益，被保险人能够迅速从保险人处获得充分、及时和有效的补偿，不因责任人的给付不力而贻误受害人的治疗时机；同时被保险人可以从费时烦琐的求偿事务中解脱出来，保险人也因先行支付而享有向第三人追偿的权利①。

但在审理道路交通损害赔偿案件中，经常出现受害人的医疗费在医保中已获得报销，由于医药费发票在受害人手中，法院通常判决侵权人向受害人承担医疗费，而医保中心对受害人未行使追偿，受害人获得双重利益，导致国有资产大量流失。

根据江苏省劳动和社会保障厅、江苏省财政厅、江苏省卫生厅、江苏省物价局、江苏省中医药局联合下发的《关于印发江苏省基本医疗保险诊疗项目、服务设施范围和支付标准的通知》的规定，因交通事故发生的医疗费用属于基本医疗保险统筹基金不予支付费用的诊疗项目，而实践中相关医药费医院先予核销。为此，在道路交通损害赔偿案件中，基本医疗保险基金已经先行垫付医药费的，有权向侵权人追偿医疗费用，因此，重新审理此案时，应通知其作为第三人参加诉讼。

案例 1－23　药店敛存社保卡以物串药

（一）案例描述

2014 年 9 月，天津市人力社保局局长信箱接到群众举报，称天津市滨海新区大港街道某药房，存在敛存大量社保卡以及将非基本医疗保险药品或其他物品替换为基本医疗保险药品出售的骗保行为，在该药房可以刷医保卡换取电炖锅、微波炉、电饼铛、按摩椅、洗衣液、沐浴露等各种生活用品。市人力社保局责成市医保监督所立即进行查处。医保监督所执法人员通过医保实时监控系统对该药房进行数据分析发现：该药房有两名注册药师，其中马某某上传医保费用过高。根据举报内容和数据分析结果，执法人

① 王鲸．先行支付：医保基金先行支付后代位求偿权行使的法律困境［EB/OL］．华律网，2014－09－18，http：//m.66law.cn/domainblog/75435.aspx.

员遂按照执法流程对该药房进行立案调查。

执法人员持检查通知书对该药房进行实地调查核实，在检查中发现该药房敛存的39张社保卡，并发现大量按名单装订成册的本应该给患者的医保票据第一联以及微波炉、豆浆机、毛巾被、洗发膏、卫生纸、沐浴露等几十种生活用品。同时，发现有相关记录的存卡本、取卡本、押金本、现金日记账本，并有参保人员签字。执法人员现场对该药房销量前10名的药品进行了盘点，其中有9种药品实物库存与系统库存完全不符，执法人员遂调取该药房2014年购药进货凭证以及2014年药品盘点表进行核对，经统计该药房药品购进数大于医保上传数量。执法人员对检查当日所搜集的证据进一步分析发现，该药房存卡本上记录的是参保人员将其社保卡存放在药房的时间；取卡本上记录的是参保人员取走其社保卡的时间；押金本上记录的是参保人员将社保卡存放在药房时付给药房的押金；现金日记账本上记录的是参保人员在该药房购买的各种药品、物品明细以及具体的购买时间，同时在“存”一栏中记录了将上述非基本医疗保险药品或其他物品替换为基本医疗保险药品费用的申报金额。

执法人员将相关账本上涉及的人员姓名信息与该药房上传医保数据进行逐一比对，确认该药房存在敛存他人社保卡骗取基本医疗保险基金以及将非医保药品或其他物品替换为医保药品出售的违规行为，且均经药师马某某上传，共涉及医保申报金额为56407.21元，医保支付42305.4元。

（案例来源：天津日报，http：//insurance.hexun.com/2015-12-24/181390093.html。）

（二）案例评析

根据人力资源和社会保障部颁布的《关于加强城镇职工基本医疗保险个人账户管理的通知》规定：“个人账户基金只能用于支付在定点医疗机构或定点零售药店发生的，符合基本医疗保险药品目录、诊疗项目范围、医疗服务设施标准所规定项目范围内的医药费用。……个人账户原则上不得提取现金，禁止用于医疗保障以外的其他消费支出。各地经办机构要加强对个人账户支出情况的审核和监督，对不符合要求的项目，不得纳入个人账户基金的支付范围。”作为当地的人力资源和社会保障行政管理部门，应加大稽核检查力度，坚决查处违规行为，确保医疗保险基金的安全，维护广大职工群众的利益。作为参保人，也有责任维护医疗保险基金的安全，一旦发现违规骗保行为，应积极举报投诉。任何违规骗保行为都是对全体参保人权益的危害，减少或降低违规骗保现象的发生，共同维护医保基金的安全。

另外，《天津市基本医疗保险规定》第五十条规定：“定点药店有下列行为之一，骗取基本医疗保险基金支出的，由人力资源和社会保障行政部门责令退回骗取的医疗保险金，处骗取金额2倍以上5倍以下的罚款；由医疗保险经办机构解除服务协议；直接负责的主管人员和其他直接责任人员有执业资格的，由食品药品监管部门依法吊销其执业资格：……（二）将非基本医疗保险药品或其他物品替换为基本医疗保险药品出售，或者伪造、变造票据及药品费用明细等医疗保险有关材料的；（三）冒用、敛存他人社会保障卡骗取基本医疗保险基金的；……”根据第（二）、（三）款规定，应责令该药店退回骗取的医疗保险金 42305.4 元，处骗取金额 2 倍以上 5 倍以下的罚款。根据《天津市基本医疗保险就医诊疗监督管理办法》第二十四条规定，应终止马某某药师为参保人员提供医疗服务的资格。

基本医疗保险经办机构根据管理服务的需要，与定点医药机构签订服务协议并进行协议管理，是规范定点机构医药服务行为、维护参保人员基本权益、确保医保基金安全的根本管理措施和主要抓手。2018 年 11 月 28 日，国家医疗保障局办公室印发了《关于当前加强医保协议管理确保基金安全有关工作的通知》，其中规定：“定点零售药店发生以下违约行为的，一律解除服务协议：一是伪造虚假凭证或串通参保人员兑换现金骗取基金的；二是为非定点零售药店或其他机构提供费用结算的；三是将医保目录范围之外的项目按照目录内项目申报医保结算的；四是协议有效期内累计 3 次被暂停协议或暂停协议期间未按时限要求整改或整改不到位的；五是被吊销《药品经营许可证》或《营业执照》的；六是拒绝、阻挠或不配合经办机构开展必要监督检查的；七是其他造成严重后果或重大影响的违约行为。被解除服务协议的定点医药机构，3 年内不得申请医保定点。”为医疗领域建立零容忍机制走出了重要的一步。

第三节 失业保险案例

案例 1－24 保安请假期满无故旷工被判不享受失业保险

（一）案例描述

2013 年 5 月 6 日，广西某区人民法院对一起劳动争议案件作出一审判决，原告秦某要求被告支付其解除劳动合同关系的经济补偿金及失业保险金损失的诉讼请求，被法院依法予以驳回。

原告秦某于 2007 年 8 月进入被告桂林市某保安服务总公司担任保安员。入职时被告给原告发放了员工手册，该员工手册并未经过职工大会或职工代表大会讨论通过。2010 年 7 月 31 日，原告向被告递交了一份《关于不愿意办理社会保险的申请》。原告作为乙方，被告作为甲方于 2010 年 8 月 1 日签订了无固定期限劳动合同一份。2012 年 3 月 20 日，原告向被告提交一张请假条，载明：本人秦某因有事需处理，需请假一个月，在请假期间发生的一切事情与公司无关。4 月 20 日假期届满后，原告未回公司上班，亦未办理相关的离职手续。同年 5 月 8 日，被告作出《关于对秦某按自动离职处理的决定》。

原告于2012年4月25日向桂林市劳动人事争议仲裁委员会提交仲裁申请，以被告不给其补申报缴纳社会保险为由要求裁决解除双方的劳动合同，要求被告为其补申报缴纳基本养老保险和基本医疗保险，并支付解除劳动合同的经济补偿金及失业保险待遇赔偿金。被告于同年6月4日收到原告申请仲裁的相关文书。2012年12月13日，桂林市劳动人事争议仲裁委员会作出裁决。法院审理认为，原、被告的劳动合同中约定，连续旷工达五日或一年内累计旷工达十五日的，劳动合同自行解除。原告虽然在2012年4月25日以被告不给其补申报缴纳社会保险为由向桂林市劳动人事争议仲裁委员会申请解除双方劳动合同并由被告支付解除劳动合同的经济补偿金及失业保险待遇赔偿金，但原告于2012年3月20日向被告公司请假一个月，假期期满后原告既未回单位销假，亦未向单位提出解除劳动合同的申请，其行为已属于旷工。被告以原告假期到期18天未回单位上班为由按自动离职解除了其与原告的劳动合同关系符合双方约定。因原告系2012年4月25日提交仲裁申请，被告于2012年6月4日才签收了仲裁委送达的相关文书，而被告于2012年5月8日即已作出《关于对秦某按自动离职处理的决定》，故原告称是因其提起仲裁被告才强行解除双方的劳动合同的主张与事实不符。

（案例来源：中国法院网，https：//www.chinacourt.org/article/detail/2013/05/id/955294.shtml。）

（二）案例评析

《失业保险条例》第十四条规定，具备下列条件的失业人员，可以领取失业保险金：……非因本人意愿中断就业的，该案的原告在假期期满后既未回单位销假，亦未向单位提出解除劳动合同的申请，被告根据双方约定按自动离职解除了与其签订的劳动合同，原告2012年3月20日起请事假，被告同意按19天的工作天数给其发放工资，原告离职前十二个月的月平均工资为1340元，根据《关于职工全年平均工作时间和工资折算问题的通知》的规定，月计薪天数为21.75天，故其3月份的工资应为1170元（$1340 \div 21.75 \times 19$）。

本案的原告离职并不属于“非因本人意愿中断就业的”的情形，按规定不能享受失业保险待遇，故原告要求被告支付其失业后的一次性生活补助的诉请没有事实依据和法律依据，法院不予支持。

本案的焦点是领取失业保险金存在异议。用人单位及社会保险机构应明确了解并严格实施失业保险金领取条件，既有利于维护个人的失业保险权利，也有利于促进失业保险制度的规范运行。

案例1－25　失业保险金不能折抵解除劳动合同的经济补偿金

（一）案例描述

李某是某市纺织厂的职工，在企业工作了7年。由于企业减员压锭，经协商，单位同意给付李某经济补偿金，李某同意单位解除劳动合同。纺织厂在失业保险业务经办机构给包括李某在内的解除劳动合同的职工备案时，发现李某在与单位解除劳动合同后，还可以每月从失业保险经办机构领取失业保险金，单位遂以此为由拒绝支付李某的经济补偿金。李某诉至当地劳动争议仲裁委员会，劳动争议仲裁委员会经审理查明，纺织厂已按照国家规定为职工缴纳了失业保险金，李某与单位解除劳动合同的行为有效，判决纺织厂支付李某经济补偿金。

（案例来源：华律网，http：//www.66law.cn/laws/74586.aspx。）

（二）案例评析

本案争议的焦点在于经济补偿金和失业保险金能否抵扣的问题，涉及经济补偿金的给付和领取失业保险待遇两个方面。

首先，《中华人民共和国劳动法》第二十四条的规定，经劳动合同当事人协商一致，劳动合同可以解除。第二十八条规定，用人单位依据本法第二十四条、第二十六条、第二十七条的规定“解除劳动合同的，应当依照国家有关规定给予经济补偿”。《违反和解除劳动合同的经济补偿办法》第五条规定：“经劳动合同当事人协商一致，由用人单位解除劳动合同的，用人单位应根据劳动者在本单位工作年限，每满1年发给相当于1个月工资的经济补偿金，最多不超过12个月。工作时间不满1年的按一年的标准发给经济补偿金”。《失业保险条例》第十四条规定，具备下列条件的失业人员，可以领取失业保险金：一是按照规定参加失业保险，所在单位和本人已按照规定履行缴费义务满1年的；二是非因本人意愿中断就业的；三是已办理失业登记，并有求职要求的。

其次，原劳动部印发《关于贯彻执行〈中华人民共和国劳动法〉若干问题的意见》的通知第四十三条规定，劳动合同解除后，用人单位对符合规定的劳动者应支付经济补偿金。不能因为劳动者领取了失业救济金而拒付或克扣经济补偿金，失业保险机构也不得以劳动者领取了经济补偿金为由，停发或减发失业保险金。本案中纺织厂已经为李某等职工缴纳了失业保险费，并向经办失业保险业务的经办机构备案。

本案例中关于经济补偿的争议是对相关法律法规的理解存在差异。对于职工失业期间的待遇问题，《中华人民共和国劳动法》与《违反和解除劳动合同的经济补偿办法》并不存在冲突。劳动合同解除后，用人单位对符合规定的劳动者应支付经济补偿金。不能因为劳动者领取了失业救济金而拒付或克扣经济补偿金，失业保险机构也不得以劳动者领取了经济补偿金为由，停发或减发失业保险金。本案中，李某为纺织厂工作了7年，单位应按照李某解除劳动合同前上年度月平均工资的标准支付给李某7个月工资的经济补偿金。纺织厂已经为李某等职工缴纳了失业保险费，并向经办失业保险业务的经办机构备案。

纺织厂在解除与李某的劳动合同时，不得以李某已享受失业保险金为由拒绝支付其经济补偿金。本案中李某符合领取失业保险金的条件，所以社会保险经办机构应为李某

（二）案例评析

本案争议的焦点在于经济补偿金和失业保险金能否抵扣的问题，涉及经济补偿金的给付和领取失业保险待遇两方面。

《中华人民共和国劳动法》第二十四条的规定，经劳动合同当事人协商一致，劳动合同可以解除。第二十八条规定，用人单位依据本法第二十四条、第二十六条、第二十七条的规定解除劳动合同的，应当依照国家有关规定给予经济补偿。根据《违反和解除劳动合同的经济补偿办法》第五条规定，经劳动合同当事人协商一致，由用人单位解除劳动合同的，用人单位应根据劳动者在本单位工作年限，每满 1 年发给相当于 1 个月工资的经济补偿金，最多不超过 12 个月。工作时间不满 1 年的按 1 年的标准发给经济补偿金。石油公司应按照李某解除劳动合同前上年度月平均工资的标准支付给李某 7 个月工资的经济补偿金。根据《失业保险条例》第十四条的规定，具备下列条件的失业人员，可以领取失业保险金：一是按照规定参加失业保险，所在单位和本人已按照规定履行缴费义务满 1 年的；二是非因本人意愿中断就业的；三是已办理失业登记，并有求职要求的。本案中李某符合领取失业保险金的条件，所以社会保险经办机构应为李某发放失业保险金。

本案例中关于经济补偿的争议是对相关法律法规的理解存在差异。对于职工失业期间的待遇问题，《中华人民共和国劳动法》与《违反和解除劳动合同的经济补偿办法》并不存在冲突。劳动合同解除后，用人单位对符合规定的劳动者应支付经济补偿金。不能因为劳动者领取了失业救济金而拒付或克扣经济补偿金，社会保险机构也不得以劳动者领取了经济补偿金为由，停发或减发失业保险金。

综上所述，石油公司在解除与李某的劳动合同时，不得以李某已享受失业保险金为由拒绝支付其经济补偿金。

案例 1－28　参加失业保险是不可逃避的责任

（一）案例描述

2001 年 3 月的一天，湖北省某高校劳资处收到了劳动保障部门的失业保险催缴通知单。通知单中核定了该高校 1999 年以来的失业保险金和滞纳金总额。劳资处任处长觉得不服，马上打电话到劳动保障部门称其学校是事业单位，不存在失业人员，怎么还要缴失业保险。劳动保障部门的工作人员认真解释，学校虽然是事业单位，但按国务院《失业保险条例》的规定仍然要参加失业保险。

（案例来源：http：//www. yzrc. com/padownload/4461. html。）

（二）案例评析

本案涉及的是事业单位是否缴纳失业保险的问题。失业保险是指国家通过立法强制实行的，由社会集中建立资金，对因失业而暂时中断生活来源的劳动者提供物质帮助的制度。它是社会保障体系的重要组成部分，是社会保险的主要项目之一。

失业保险具有普遍性，它主要是为了保障有工资收入的劳动者失业后的基本生活而建立的，其覆盖范围包括劳动力队伍中的大部分成员。因此不能确定适用范围时，参保单位应不分部门和行业，不分所有制性质。失业保险的适用范围呈逐步扩大的趋势，将事业单位纳入失业保险范围，是根据中央关于事业单位改革的精神，事业单位要进行人事制度的改革，势必要按照市场原则优化人员结构、减员增效。将事业单位及其职工纳入失业保险的范围，对事业单位特别是国有事业单位市场用人机制的形成和自身发展具有重要意义。事业单位失业保险制度改革有了一定进展，但是，改革的最终效果有待于实践检验，而且随着社会环境的变革进行不断调整和完善。

所以本案中，该高校虽然为事业单位，仍然要缴纳失业保险。

案例1－29　失业金、经济补偿金，两者都不可少

（一）案例描述

小段1999年从学校毕业，应聘到一家汽车零部件制造厂从事车间管理工作。2002年3月，工厂召开职工代表大会表示：厂里效益开始滑坡，需要裁减一部分人员。厂里将负责为这批被裁减的人员办理失业登记，享受失业保险待遇。裁减人员名单下发时，小段发现自己也成了其中一名。在职代会上，厂方只表示将办理失业登记，并没有提到其他的补偿。据他了解，用人单位解除劳动关系是有经济补偿的。于是，小段来到工厂劳资部门询问，劳资部门工作人员的答复是："工厂已经为你缴纳了失业保险费，既然以后可以领取失业金，就相当于已经给你补偿了，没有其他的经济补偿金。""可是，我缴纳了失业保险费，现在符合领取失业保险金的条件，领取失业保险金是没有错误的，但单位的经济补偿和失业保险金是完全不同的两回事，怎么能两者相抵销呢？"小段辩解道。但是单位最终还是拒绝支付经济补偿金。于是，小段申请了劳动争议仲裁。

（案例来源：http：//www. yzrc. com/padownload/4461. html。）

（二）案例评析

本案涉及的问题是劳动者领取失业保险金后能否获得经济补偿金的问题。《违反和解除劳动合同的经济补偿办法》第九条的规定，用人单位濒临破产进行法定整顿期间或者生产经营状况发生严重困难，必须裁减人员的，用人单位按被裁减人员在本单位工作的年限支付经济补偿金。在本单位工作的时间每满一年，发给相当于一个月工资的经济补偿金。对于职工失业期间的待遇问题，《中华人民共和国劳动法》与《违反和解除劳动合同的经济补偿办法》并不存在冲突。本案例中关于经济补偿的争议是对相关法律法

规的理解存在差异。

在本单位工作的时间每满一年，发给相当于一个月工资的经济补偿金。这里的经济补偿金和劳动者所享受的失业保险待遇是完全不同的，两者不能等同，也不能互相代替。劳动合同解除后，用人单位对符合规定的劳动者应支付经济补偿金。不能因为劳动者领取了失业救济金而拒付或克扣经济补偿金，失业保险机构也不得以劳动者领取了经济补偿金为由，停发或减发失业保险金。

本案中汽车零部件制造厂应该支付小段的经济补偿金。

案例 1－30　企业少缴失业保险，可要求赔偿失业保险金

（一）案例描述

员工王某 2008 年 1 月 1 日入职广州某化妆品公司，签订 2 年固定期限劳动合同。2009 年 12 月 31 日，公司以合同到期为由解除与王某的劳动合同。在此期间，公司为员工缴纳 2008 年 2 月至 2009 年 12 月的社保（含失业保险）。员工王某遂以企业少缴失业保险，导致其少领 1 个月失业保险金为由，向仲裁委提出申请，要求赔偿 1 个月失业保险金。

（案例来源：110 法律咨询网，http：//www. 110. com/ziliao/article－261240. html。）

（二）案例评析

（1）仲裁委有权受理失业保险待遇赔偿纠纷。2002 年颁布的《广东省失业保险条例》第四十四条规定，单位与职工或者失业人员因失业保险事项发生争议的，按劳动争议处理。

（2）失业保险待遇分为两部分，即失业保险金和医疗补助金。失业保险金为缴费每满 1 年支付一个月，标准为最低工资的 90% 标准；医疗补助金为缴费每满 1 年支付一个月，标准为最低工资的 10% 标准。其法律依据为《广东省失业保险条例》第十六条、第十七条、第十八条。

（3）本案中，公司本应为员工王某参加 24 个月失业保险，王某离职时可享受 2 个月失业保险金和医疗补助金。但因公司少缴 1 个月失业保险，导致员工王某实际享受的只有 1 个月失业保险金和医疗补助金。

本案中，公司少缴 1 个月失业保险存在过错，应赔偿员工 1 个月差额的失业保险金和医疗补助金。

案例 1－31　不符合享受失业保险待遇条件，骗取失业保险金问题

（一）案例描述

王某于 1999 年失业以后，进行失业登记，领取失业保险金。2001 年 7 月，王某找

到工作，重新就业。但是他隐瞒已经就业的事实，以失业人员的身份骗领失业保险待遇累计2万余元，后被社保经办机构发现要求其返还，但王某拒不退还已骗取的失业保险金，因此，社保经办机构对他做出了4万元的罚款处罚决定。王某不服，提起了行政诉讼。

（案例来源：http：//www.66law.cn/laws/74586.aspx。）

（二）案例评析

《失业保险条例》第二十八条规定，不符合享受失业保险待遇条件，骗取失业保险金和其他失业保险待遇的，由社会保险经办机构责令退还；情节严重的，由劳动保障行政部门处骗取金额1倍以上3倍以下的罚款。

为预防和减少骗取失业保险金和其他失业保险待遇的行为，避免失业保险基金流失，《失业保险条例》对不符合享受失业保险待遇条件，骗取失业保险金和其他失业保险待遇的违法行为做出了明确的处罚规定。由劳动保障行政部做出骗取的失业保险待遇1倍以上3倍以下罚款的行政处罚决定，社保经办机构不能擅自处理。本案中的社保经办机构的处罚决定属于越权处分。

解决失业保险金“骗保”问题，可以从以下几个方面努力：

完善社会保险基金监督体系。对参与“骗保”欺诈行为的人员，除追缴骗取基金外，主管部门对其进行纪律处罚，对情节严重、性质恶劣、“骗保”金额巨大的，移交司法机关处罚；完善失业保险信息技术。职工就业、失业资料信息化将有利于社会保险经办机构更好地进行信息的核对与信息监督效率的提高。信息技术的应用不仅使繁杂手续简单化，而且在很大程度上减少为个人利益钻失业保险漏洞的“骗保”事件发生；加强从业人员的职业道德建设。加强对社会保险经办机构工作人员的职业道德教育，建立完备的职业道德评价方法，并把从业务人员职业道德的建守情况作为晋升、晋级、表彰奖励的重要考核依据。

第四节　工伤保险

案例1－32　下夜班后在公司宿舍睡觉猝死事件的工伤认定

（一）案例描述

朱某是中核某矿区倒班岗位员工。为方便倒班员工休息，公司为倒班员工在福利区安排了公寓。

2014年3月5日23时20分下小夜班。3月6日00时40分左右，朱某与同事一起回到公司福利区的公寓。3 月 6 日中午 12 时左右，朱某被同事发现斜躺在公寓床上，已经死亡。矿区医院出具了《居民死亡医学诊断（推断）书》证明朱某死亡原因为猝死。矿区公安局刑事警察支队综合医学证明及调查情况，认定朱某死亡排除他杀及自杀可能性，系意外猝死。

2014 年 9 月 25 日，朱某妻子杨某向矿区人社局申请工伤认定，矿区人社局于 2014 年 12 月 3 日作出《不予认定工伤决定书》。

杨某不服该决定，于 2014 年 12 月 29 日向甘肃省人力资源和社会保障厅提起行政复议。

2015 年 2 月 12 日，甘肃省人力资源和社会保障厅做出行政复议决定书，维持矿区人社局作出的《不予认定工伤决定书》。杨某不服该复议决定书，于 2015 年 3 月 18 日提起诉讼，要求撤销《不予认定工伤决定书》，认定朱某死亡属于工伤事故。

甘肃矿区人民法院一审认为：朱某在下小夜班后，在晚上矿区福利公寓内正常休息睡眠期间死亡，不符合《工伤保险条例》第十四条、第十五条规定的应当认定为工伤或视同工伤的情形。一审法院判决驳回原告杨某的诉讼请求。

杨某不服，向甘肃省高级人民法院提起上诉。甘肃省高级人民法院以基本相同的事实和理由判决驳回上诉，维持原判。

杨某仍不服，向最高人民法院申请再审，认为朱某死亡与其履行工作职责相关，是因工作原因在工作时间和涉及的合理区域内受到的伤害，应当认定为工伤。请求依法撤销甘肃省高级人民法院的行政判决书。

最高法院最后裁定驳回再审申请。

（案例来源：劳动法库，http：//www.360doc.com/content/18/0418/06/1113159_746532884.shtml。）

（二）案例评析

工伤保险为了保障因工作遭受事故伤害或者患职业病的职工获得医疗救治和经济补偿，促进工伤预防和职业康复，分散用人单位的工伤风险的一种社会保险制度。随着社会经济发展节奏的加快，劳动者在劳动过程中受到的伤害概率有了明显的增加。工伤保险制度实施过程中，纠纷最为常见的则是工伤认定问题。故 2010 年国务院修订《工伤保险条例》，主要针对工伤认定的情形相关条款进行了修改。

《工伤保险条例》第十四条规定：“职工有下列情形之一的，应当认定为工伤：（一）在工作时间和工作场所内，因工作原因受到事故伤害的；（二）工作时间前后在工作场所内，从事与工作有关的预备性或者收尾性工作受到事故伤害的；……”

第十五条规定：“职工有下列情形之一的，视同工伤：（一）在工作时间和工作岗位，突发疾病死亡或者在 48 小时之内经抢救无效死亡的；……”

《最高人民法院关于审理工伤保险行政案件若干问题的规定》第四条规定：“社会保险行政部门认定下列情形为工伤的，人民法院应予支持：（一）职工在工作时间和工作场所内受到伤害，用人单位或者社会保险行政部门没有证据证明是非工作原因导致的；（二）职工参加用人单位组织或者受用人单位指派参加其他单位组织的活动受到伤害的；（三）在工作时间内，职工来往于多个与其工作职责相关的工作场所之间的合理区域因工受到伤害的；（四）其他与履行工作职责相关，在工作时间及合理区域内受到伤害的。”

本案朱某死亡是否在工作时间、工作地点，以及是否因工作原因导致是各方当事人的争议焦点。

1. 关于朱某的死亡时间

朱某死亡的时间是在下班回到公寓之后，而不是在上班期间。从朱某 23 时 20 分下小夜班到其于次日 11 时 40 分上白班，中间间隔时间长达 12 小时 20 分，因此该期间为职工生理需要的正常的休息睡眠时间，并不是工作期间的短暂休息。杨某认为朱某与公司存在劳动关系，朱某的家在嘉峪关市区，朱某上班的时间应从其坐上矿区交通车时开始认定，上车后就由公司管理，休息也属于工作时间，属于工作中休息，其主张与事实不符，亦缺乏法律依据。

2. 关于朱某的死亡地点

朱某在 3 月 6 日 0 时 50 分下班回到公寓后正常睡眠期间死亡，死亡地点位于矿区福利区，而不在生产厂区。福利区为职工上班前及下班后的休息及自由活动的场所，而非上班正常进行工作生产的场所。因此，朱某死亡的地点并非工作地点。杨某主张朱某死亡的地点只要在厂区就应属于工作地点，与事实不符。

3. 关于朱某的死亡原因

朱某在 3 月 6 日 0 时 50 分下班回到公寓休息期间死亡，该休息期间长达 12 小时 20 分，是人们生理需求正常的休息睡眠时间，并不是工作期间的短暂休息。同时，医院诊断证明朱某的死亡为猝死；公安局出具的现场查看笔录也排除他杀及自杀的可能，系意外猝死，因此，朱某在公寓休息睡眠期间死亡与工作无关。

本案中，公司《工作两地生产运行与休息模式》、《朱某死亡经过报告》、相关证人证言以及公安机关“3·6”朱某死亡案现场查看笔录等证据可以证明，朱某系下小夜班后回到公寓休息期间猝死，既非在工作时间也非在工作岗位死亡，故不属于《工伤保险条例》第十五条以及《最高人民法院关于审理工伤保险行政案件若干问题的规定》第四条规定的情形。

案例 1－33 工作中与同事打架被剪刀刺成重伤事件的工伤认定

（一）案例描述

张某是汕头某玩具公司员工。2012 年 6 月 25 日下午，张某在工作过程中因货物打包问题与同事杨某发生口角后互相打架，用胶纸机划伤杨某的面部，杨某用剪刀刺中张某的后背及腹部，致双方不同程度受伤。

张某受伤后被送往医院治疗。后经法医鉴定，结论为：外伤胸脊髓损伤、多处创口、左下肢不全瘫、左侧胸腔积液，属重伤。

2013 年 1 月 30 日，张某向人社局提出工伤认定申请，因杨某涉嫌故意伤害一案处于刑事公诉阶段，社保部门作出对其工伤认定申请中止处理的决定。

2013 年 2 月 27 日，法院对杨某涉嫌故意伤害一案作出刑事判决。

2013 年 5 月 9 日，人社局作出《认定工伤决定书》，认定张某是在工作时间和工作场所内，因履行工作职责受到暴力等意外伤害，予以认定为工伤。

2013 年 7 月 12 日，公司不服工伤决定书，向汕头市政府申请复议。该市政府维持了《认定工伤决定书》。公司不服，于 2013 年 10 月 14 日向一审法院提起行政诉讼，请求撤销《认定工伤决定书》。

一审法院判决维持《认定工伤决定书》。公司不服一审判决，向汕头中院提起上诉。

二审法院判决撤销一审判决，撤销《认定工伤决定书》。

经广东省人民检察院抗诉，最后，高院判决撤销二审判决，维持一审判决。

（案例来源：劳动法库，http：//www.360doc.com/content/18/0316/09/40678864_737420562.shtml。）

（二）案例评析

《工伤保险条例》第十四条规定：“职工有下列情形之一的，应当认定为工伤：……；（三）在工作时间和工作场所内，因履行工作职责受到暴力等意外伤害的；……”第十六条规定：“职工符合本条例第十四条、第十五条的规定，但是有下列情形之一的，不得认定为工伤或者视同工伤：（一）故意犯罪的；（二）醉酒或者吸毒的；（三）自残或者自杀的。”

本案争议的焦点是张某所受到的暴力伤害能否认定为工伤。认定张某是否工伤的关键是看其受到杨某的伤害是否属于“因履行工作职责受到暴力等意外伤害”。

首先，张某在本案中虽有一定过错，但张某打架的行为并非犯罪行为，该过错并不能成为不认定为工伤的理由。

其次，张某受伤是因工作问题争执造成的，并不是由个人恩怨引起的，与其履行工作职责具有一定的因果关系，符合因履行工作职责而受到暴力伤害的情形。

工伤保险是职工依法享有的一种受益性的待遇，张某与杨某打架的行为并不构成《工伤保险条例》第十六条规定的不得认定为工伤或者视同工伤的情形。

根据《中华人民共和国劳动法》侧重保护劳动者利益的立法精神，本案应认定张某构成工伤。

案例1－34 中午在公司食堂吃饭摔伤事件的工伤认定

（一）案例描述

萧某是某机电公司员工。2013年5月31日中午11时50分许，萧某下班后去公司食堂就餐期间在食堂滑倒。经诊断为左侧股骨颈骨折。2013年6月18日，公司向某县人力资源和社会保障局申请工伤认定。人社局于2013年10月11日作出不予认定工伤决定。

萧某不服，申请行政复议。复议机关维持了不予认定工伤决定。

萧某不服，提起行政诉讼。

2015年8月25日，法院做出一审判决。一审法院认为，萧某于2013年5月31日中午11时50分在公司就餐时因滑倒受伤的情形，不符合《工伤保险条例》第十四条、第十五条规定的应当认定为工伤或视同工伤的情形，故其诉请要求撤销不予认定工伤决定，该院不予支持。

萧某不服一审判决，提起上诉，认为原判对“工作场所”的认定，应当考虑是否属工作涉及区域及自然延伸的合理区域，原判对“工作场所”的界定认识有误。

丽水市中级人民法院经审理认为，根据《工伤保险条例》第十四条规定，工作时间前后在工作场所内，从事与工作有关的预备性或者收尾性工作受到事故伤害的，应当认定为工伤。

人社局不服二审判决，向浙江省高级人民法院申请再审。浙江高院于2016年8月26日作出裁定，认为根据《工伤保险条例》第十四条规定，应当认定为工伤。

（案例来源：劳动法库，http：//www. sohu. com/a/193329867_99901874。）

（二）案例评析

《工伤保险条例》第十四条规定：“职工有下列情形之一的，应当认定为工伤……；（二）工作时间前后在工作场所内，从事与工作有关的预备性或者收尾性工作受到事故伤害的；……”

本案的争议点在于，萧某在公司食堂就餐是否属于工作时间、是否在工作场所。

首先，从本案中某机电器有限公司上午11：30下班，下午12：45上班的作息时间安排上看，职工就餐完毕之后，基本上就要继续投入到工作中，因此，萧某中午在公司食堂就餐处于工作时间前后。

其次，对于“工作场所”的认定，不能完全囿于法律条文的字面含义狭隘地理解为仅限于劳动者日常的、固定的工作地点。本案中，公司食堂作为专门为职工在工作期间安排和提供饮食的附属场所，处在公司有效管理的区域范围，属于工作场所的合理延伸。

最后，上诉人萧某在公司食堂就餐虽不属于直接履行工作职责，但该就餐行为是继续正常开展工作的前提，故可认定为从事与工作有关的预备性工作。

综上，萧某中午在公司食堂就餐期间滑倒造成左侧股骨颈骨折符合《工伤保险条例》第十四条规定之情形，应当被认定为工伤。

通过该案例我们需要明确，《工伤保险条例》中“工作场所”的认定，不能狭隘地理解为劳动者日常工作的固定场所，应当考虑是否属工作涉及区域及自然延伸的合理区域。

案例 1－35　出差期间走路被行人迎面撞伤事件的工伤认定

（一）案例描述

张某是广州某公司的员工，岗位讲师。2011 年 12 月 22 日，张某在到珠海出差时，被行人碰撞后突觉胸口剧痛，全身无力，当即经 120 急救中心送珠海市人民医院，后转广东省人民医院治疗。诊断结果为：（1）上中胸段椎管内硬膜外占位？（2）脊椎占位性病变（T1－5 血肿）。

2012 年 6 月 27 日张某向广州越秀人社局申请工伤认定。人社部门受理后，向广州市劳动能力鉴定委员会提出伤情与病情关联性鉴定，该委于 2013 年 4 月 28 日出具《伤情与病情关联性鉴定意见书》，结论为：“张某于 2012 年 1 月 4 日诊断为‘脊椎占位性病变（T1－5 血肿）’的诊断意见，与其 2011 年 12 月 22 日在路上被人碰撞后胸口突然奇痛的伤情相关。”

2013 年 5 月 22 日人社局依据《工伤保险条例》第十四条规定，认定张某为工伤。

公司不服，向广州市越秀区人民政府申请行政复议，该政府维持了工伤认定决定。公司仍不服，诉至法院。

一审法院认为，张某的情况符合工伤认定的情形，故驳回公司的诉讼请求。

公司向广州中院提起上诉。广州中院认为，本案中，张某在珠海出差期间被人碰撞后受伤，涉案伤情与病情关联性鉴定意见认定 2012 年 1 月 4 日诊断为“脊椎占位性病变（T1－5 血肿）”的诊断意见与其 2011 年 12 月 22 日在路上被人碰撞后胸口突然奇痛的伤情相关，社保部门据此作出工伤认定决定并无不当，原审判决予以支持亦无不妥，本院予以支持。

公司继续向广东高院申请再审，广东高院认为，广州市劳动能力鉴定委员会出具的《伤情与病情关联性鉴定意见书》，认定张某“脊椎占位性病变（T1－5 血肿）”与其 2011 年 12 月 22 日在路上被人碰撞后胸口突然奇痛的伤情相关。人社局认定张某所受伤害为工伤，理据充分，并无不当。

（案例来源：劳动法库，http：//www.360doc.com/content/18/0214/03/34279512_729873631.shtml。）

（二）案例评析

《工伤保险条例》第十四条规定："职工有下列情形之一的，应当认定为工伤：……（五）因工外出期间，由于工作原因受到伤害或者发生事故下落不明的；……"

《最高人民法院关于审理工伤保险行政案件若干问题的规定》对因工外出期间的工伤认定做了更细的规定，其第五条规定："社会保险行政部门认定下列情形为"因工外出期间"的，人民法院应予支持：（一）职工受用人单位指派或者因工作需要在工作场所以外从事与工作职责有关的活动期间；（二）职工受用人单位指派外出学习或者开会期间；（三）职工因工作需要的其他外出活动期间。"

职工因工外出期间从事与工作或者受用人单位指派外出学习、开会无关的个人活动受到伤害，社会保险行政部门不认定为工伤的，人民法院应予支持。

按照司法解释的规定，《工伤保险条例》第十四条规定的由于工作原因受到伤害是一个范围很广的概念，只要不属于职工从事与工作或者受用人单位指派外出学习开会无关的个人活动受到伤害的，原则上应当认定为《工伤保险条例》第十四条规定的由于工作原因受到伤害。

另外，本案中法院提到公司对张某受伤的事实提出异议，但在人社局进行工伤认定期间，公司并未就其异议提供充足有效的证据予以证明。这里实际上涉及工伤认定中用人单位的举证责任。

根据《工伤保险条例》第十九条规定："社会保险行政部门受理工伤认定申请后，根据审核需要可以对事故伤害进行调查核实，用人单位、职工、工会组织、医疗机构以及有关部门应当予以协助。……职工或者其近亲属认为是工伤，用人单位不认为是工伤的，由用人单位承担举证责任。"这里提到了用人单位认为不是工伤的需进行举证。

《工伤认定办法》第十七条规定："职工或者其近亲属认为是工伤，用人单位不认为是工伤的，由该用人单位承担举证责任。用人单位拒不举证的，社会保险行政部门可以根据受伤害职工提供的证据或者调查取得的证据，依法作出工伤认定决定。"

工伤保险遵循"无过错责任归责"原则，即劳动者在各种意外事故或职业病中只要出于非自身原因导致损害，都应该按照规定标准得到伤害补偿，不考虑用人单位是否存在过错，受害职工只需要在事实举证环节如实陈述事故发生的基本事实即可①。根据我国《侵权责任法》的规定，在一般的诉讼中，实行的是"谁主张，谁举证"的原则，但在工伤认定争议案件中，为了保护职工作为弱者的合法权益，在发生工伤认定方面的争议时，不实行"谁主张，谁举证"的原则，而是由用人单位承担举证责任。

---

① 雷苗苗．我国工伤保险与侵权损害赔偿的司法实践与立法完善［J］．兰州教育学院报，2019，35（8）：155－156.

案例1-36　下班途中走路摔倒身亡不予认定工伤

（一）案例描述

胡某系重庆某学校厨师，居住在学校提供的宿舍。2015年12月16日20时许，胡某下班回宿舍途中，行至学校男生公寓大门对面台阶处时，不慎摔倒，伤及头部致其当场死亡。

2016年1月13日，学校向人社局申请工伤认定，并提交申报材料。人社局受理后，进行了调查，认为胡某此次所受事故伤害，不符合《工伤保险条例》第十四条、第十五条的规定，于2016年3月23日作出不予认定工伤决定。

胡某妻子不服起诉至法院。

一审法院经审理认为，由于胡某系在下班途中摔倒致死，其死亡情形不符合《工伤保险条例》相关规定，其死亡不应认定为工伤。人社局对其作出的不予认定工伤决定事实清楚，程序合法，适用法律法规正确，当事人请求撤销的理由不成立，应不予支持。

胡某妻子不服，提起上诉，认为其夫是在工作时间后下班回家前意外摔伤致死，地点亦在工作场所内，因此，符合《工伤保险条例》第十四条的规定，应当认定为工伤。

二审法院经审理判决如下：驳回上诉，维持原判。

（案例来源：劳动法库，http：//www.360doc.com/content/18/0213/06/34279512_729691597.shtml。）

（二）案例评析

《工伤保险条例》第十四条规定："职工有下列情形之一的，应当认定为工伤：……；（二）工作时间前后在工作场所内，从事与工作有关的预备性或者收尾性工作受到事故伤害的；……；（六）在上下班途中，受到非本人主要责任的交通事故或者城市轨道交通、客运轮渡、火车事故伤害的；……"

就该条第二项的规定，工作时间是指法律规定的或者单位要求职工工作的时间；工作场所是指职工日常工作所在的场所，以及领导临时指派其所从事工作的场所；预备性工作是指在工作前的一段合理时间内，从事与工作有关的准备工作，诸如备料、准备工具等；收尾性工作是指在工作后的一段合理时间内，从事与工作有关的收尾工作，诸如清理、安全贮存、收拾工具等。

本案中，胡某受到伤害的地点是男生公寓楼大门对面的台阶处，现无合理理由将该地点判断为胡某的工作场所。当事人未证明胡某当时在受伤害地点，系工作时间前后从事与其工作有关的预备性或者收尾性工作的证据。故当事人称胡某摔伤致死情形符合上述第二项规定的理由不成立，应不予支持。

该条第六项规定的是职工在上下班途中，受到非本人主要责任的交通事故或者城市轨道交通、客运轮渡、火车事故伤害应认定为工伤。2015 年 12 月 16 日 20 时许胡某在男生公寓楼大门对面台阶处，系其下班正行至该处，也即胡某当时处于下班途中，而职工在上下班途中所受伤害被认定为工伤，须以受到非本人主要责任的交通事故或者城市轨道交通、客运轮渡、火车事故的伤害为前提。

胡某在男生公寓楼大门对面台阶处所受伤害不属该情形，故胡某摔伤致死亦不符合上述该条第六项规定情形。

本案发生在重庆，可按照重庆市人力资源和社会保障局、重庆市财政局《关于参加企业职工基本养老保险未领取养老金前因病或非因工死亡人员待遇有关问题的通知》的相关规定处理。

案例 1-37　参加年会后又与同事二次聚会后骑车回家摔伤不予认定工伤

（一）案例描述

张某系山东某石化股份有限公司职工。

2014 年 1 月 20 日下午下班后，张某和同事一起去“老牌菜馆”参加车间工会组织的年会活动，当晚 20 时许车间年会活动结束。张某等 8 个平时关系不错的同事，又去明清街“博山庄”聚会，22 时许聚会结束后，张某骑同事的燃油助力车带着同事一起回家，行至途中摔倒受伤。

同事拨打 120 将其送往淄博市中心医院就诊，被诊断为：脑干损伤，弥漫性轴索损伤，脑挫裂伤，蛛网膜下腔出血，多发颅骨骨折，颅底骨折，肺挫伤，右下颌骨骨折，双侧上颌骨多发粉碎性骨折。

张某于 2014 年 11 月 5 日向淄博市人社局提出工伤认定申请，人社局于 2014 年 11 月 19 日受理并依法向公司送达工伤认定限期举证通知书。

人社局经调查核实，认为张某系在参加完单位组织的活动又进行私人聚会结束后回家途中受伤，既不是因工外出期间，也不是上下班途中发生，不符合认定工伤的条件，于 2014 年 12 月 31 日作出不予认定工伤决定：张某受到的伤害，不符合《工伤保险条例》第十四条、第十五条认定工伤或视同工伤的情形，现决定不予认定或者视同工伤。

张某不服，诉至法院要求撤销不予认定工伤决定书。一审法院判决：驳回张某的诉讼请求。张某不服，提起上诉。二审判决：驳回上诉，维持原判。

（案例来源：劳动法库，http：//www.360doc.com/content/18/0203/14/1113159_727432143.shtml。）

（二）案例评析

《工伤保险条例》第十四条规定：“职工有下列情形之一的，应当认定为工伤：……；（五）因工外出期间，由于工作原因受到伤害或者发生事故下落不明的；（六）在上下班途中，受到非本人主要责任的交通事故或者城市轨道交通、客运轮渡、火车事故伤害的；……”

《工伤保险条例》第十五条规定：“职工有下列情形之一的，视同工伤：（一）在工作时间和工作岗位，突发疾病死亡或者在48小时之内经抢救无效死亡的；（二）在抢险救灾等维护国家利益、公共利益活动中受到伤害的；（三）职工原在军队服役，因战、因公负伤致残，已取得革命伤残军人证，到用人单位后旧伤复发的。……”

本案中，张某系在参加完单位组织的活动又进行私人聚会结束后回家途中受伤，既不是因工外出期间，也不是上下班途中发生，不符合《工伤保险条例》规定的应当认定工伤或者视同工伤的情形。

在经济的快速发展下，人们的生活方式与工作方式较之以前也有了很大的变化。但是我国的工伤认定范围依然坚持列举式原则，将符合工伤情况的所有情形都列举出来。这种方式的优势是可以让人们了解到工伤认定的具体情形，但是劣势是列举式的滞后增大了新增问题情形的解决难度，从而导致法律作用的发挥受到限制。针对这一现象，相关工作人员可以将根据多年的实践经验，进行指导性原则的总结与归纳，同时将指导性原则与列举式条款进行合理的结合，提升工伤认定的灵活性①。

案例1-38　员工突发疾病抢救无效48小时内死亡事件的工伤认定

（一）案例描述

2016年3月24日下午18：20左右，纪女士在单位工作时突感不适，由倪女士拨打120后，由120将纪女士从单位处送至南通瑞慈医院进行救治，当日18时48分南通瑞慈医院接诊，19时向纪女士家属发出病危通知书，19时15分纪女士家属要求转至南通大学附属医院治疗，20时20分纪女士被送至南通大学附属医院救治，20时30分纪女士出现呼吸骤停，由呼吸机辅助呼吸。3月25日12时54分，纪女士由呼吸辅助呼吸、双侧瞳孔放大，其家属要求出院，纪女士于同日由其家属送至家中后死亡。3月26日，太平服务站、金湖县公安局闵桥派出所出具《居民死亡医学证明书》，载明纪女士死亡日期为2016年3月25日，死亡原因为脑出血。一审和二审法院经过审理，均认为纪女士在工作时间和工作岗位，突发疾病在48小时之内抢救无效死亡，具有事实和法律依据，符合《工伤保险条例》第十五条规定的情形，应视同工伤。

（案例来源：劳动法库，http：//www.360doc.com/content/18/0207/21/992788_728458715.shtml。）

（二）案例评析

本案的争议焦点在于，纪女士是否属于在工作时间和工作岗位，突发疾病在48小

① 杨敏．工伤认定工作的现实困境与对策分析［J］．财讯，2018（32）：168-169.

时之内抢救无效死亡的情形？

（1）对于“突发疾病”定义，根据原劳动和社会保障部《关于实施〈工伤保险条例〉若干问题的意见》第三条的规定，“突发疾病”包括各类疾病。“突发疾病”的原因，既可能是职工自身的身体机能障碍导致的，也可能是工作过度繁重、劳累、紧张导致的，不影响其对“突发疾病”的认定。

（2）关于工作时间，通常情况下是指法律规定的或者用人单位要求职工工作的时间。结合劳动法律、法规的规定，实践中工作时间主要涵盖以下几种情况：一是用人单位按照国家法律法规规定的工作时间，包括标准工时、非全日制工时制度以及经审批的综合工时和不定时工时制度；二是用人单位合法延长的加班时间；三是用人单位违法延长的加班时间；四是用人单位没有明令禁止加班，而劳动者为了完成工作任务，主动延长的工作时间；五是劳动者在工作场所开展的与工作相关的预备性或者收尾性工作的时间；六是劳动者在工作中，合理的暂时性休息或解决生理需要的时间。因此，对《工伤保险条例》第十五条规定的“工作时间”不能只理解为法律规定的或者用人单位要求的工作时间，职工在劳动工作中合理的暂时性休息和解决合理生理需要的时间，应当作为“工作时间”的合理延伸。

（3）关于工作岗位，通常是指用人单位能够对从事日常生产经营活动进行有效管理的区域或者职工为完成某项特定生产经营活动所涉及的相关区域，包括职工日常的工作岗位和受单位指派从事工作的岗位，以及单位为解决职工在工作过程中的合理生理、生活需要而提供的场所等。

（4）对于48小时的起算时间，根据原劳动和社会保障部《关于实施〈工伤保险条例〉若干问题的意见》第三条的规定，“48小时”的起算时间，以医疗机构的初次诊断时间作为突发疾病的起算时间。

案例1-39　提前下班被车撞，发生交通事故的工伤认定

（一）案例描述

王某在某理工学院工作。理工学院的工作时间上午为8时至11时30分，下午为14时30分至17时30分。

2016年9月1日上午，王某因生理期衣服弄脏，而在未请假的情况下于11时15分许提前下班回家。11时30分许，王某骑自行车回家途中发生了交通事故，经交警部门认定，王某不承担此次事故的责任。

事故发生后，王某被送至荆门市中医院住院治疗，并于2016年11月18日出院。2016年11月22日，王某所在单位理工学院因此次事故向荆门市人力资源和社会保障局申请工伤认定。2017年1月10日，荆门市人力资源和社会保障局以王某未履行请假手续提前离开工作单位属私自外出，且不属于上下班合理时间范围为由，作出不予认定工

伤决定书。

王某不服，诉至法院。一审法院认为，王某未履行请假手续即提前15分钟下班回家的行为属于在合理时间内的下班途中，应当被认定为工伤。人社局作出的不予认定工伤决定书适用法律错误，应予撤销。

人社局不服一审判决提起上诉。二审法院最终依照《中华人民共和国行政诉讼法》第八十九条规定，裁定如下：撤销原审判决；发回重审。

（案例来源：劳动法库，https：//www. sohu. com/a/212763005_261504。）

（二）案例评析

《工伤保险条例》第十四条规定："职工有下列情形之一的，应当认定为工伤……（六）在上下班途中，受到非本人主要责任的交通事故或者城市轨道交通、客运轮渡、火车事故伤害的；……"同时，《最高人民法院关于审理工伤保险行政案件若干问题的规定》第六条对"上下班途中"又进行了进一步的解释，如"在合理时间内往返于工作地与住所地、经常居住地、单位宿舍的合理路线的上下班途中"均应视为《工伤保险条例》第十四条规定的"上下班途中"。上述规定并未要求"上下班途中"必须是上下班规定的时间，仅仅作出了"在合理时间内"的解释。

在具体案件的审理过程中，对"上下班途中"的理解会产生分歧，从而影响案件的处理结果。在本案中，一审法院认为，"提前下班途中"从本质上仍然是"下班途中"，提前下班的行为，并没有增加或者减少途中的潜在危险。二审法院认为，《最高人民法院关于审理工伤保险行政案件若干问题的规定》第六条规定的"在合理时间内往返于工作地与住所地、经常居住地、单位宿舍的合理路线的上下班途中"中的"合理时间"应当是离开单位（家）和到达家（单位）之间的时间。总而言之，"合理时间"须以具有正当性为前提，不应仅以用人单位考勤制度加以理解。

从《工伤保险条例》的立法目的来说，工伤保险的目的在于保障因工作遭受事故伤害或者患职业病的职工获得医疗救治和经济补偿。所以在工伤认定过程中，既要遵循《工伤保险条例》及《最高人民法院关于审理工伤保险行政案件若干问题的规定》的规定，又要考虑工伤认定的立法原则，即适当倾斜保护原则。

案例1－40　劳动者诉天津某园区劳动者摔伤事件的工伤认定

（一）案例描述

孙某系天津市某公司员工，2003年6月10日上午受某公司负责人指派去北京机场接人。其从某公司所在地天津市某商业中心（以下简称商业中心）八楼下楼，欲到商业中心院内停放的红旗轿车处去开车，当行至一楼门口台阶处时，孙某脚下一滑，从四层台阶处摔倒在地面上，造成四肢不能活动。经医院诊断为颈髓过伸位损伤合并颈部神经根牵拉伤、上唇挫裂伤、左手臂擦伤、左腿皮擦伤。

孙某向劳动人事局提出工伤认定申请，劳动人事局于 2004 年 3 月 5 日作出《工伤认定决定书》，认为根据受伤职工本人的工伤申请和医疗诊断证明书，结合有关调查材料，依据《工伤保险条例》第十四条的工伤认定标准，没有证据表明孙某的摔伤事故系由工作原因造成，决定不认定孙某摔伤事故为工伤事故。

孙某不服，向天津市第一中级人民法院提起行政诉讼。天津市第一中级人民法院于 2005 年 3 月 23 日作出行政判决：1. 撤销劳动人事局所作的《工伤认定决定书》；2. 限劳动人事局在判决生效后 60 日内重新作出具体行政行为。劳动人事局提起上诉，天津市高级人民法院于 2005 年 7 月 11 日作出行政判决：驳回上诉，维持原判。

（案例来源：最高人民法院指导案例，http：//www. court. gov. cn/shenpan-xiangqing - 13224. html。）

（二）案例评析

本案争议焦点包括：一是孙某摔伤地点是否属于其“工作场所”？二是孙某是否“因工作原因”摔伤？三是孙某工作过程中不够谨慎的过失是否影响工伤认定？

1. 关于孙某摔伤地点是否属于其“工作场所”问题

《工伤保险条例》第十四条规定：“职工有下列情形之一的，应当认定为工伤：（一）在工作时间和工作场所内，因工作原因受到事故伤害的；……”该规定中的“工作场所”，是指与职工工作职责相关的场所，在有多个工作场所的情形下，还应包括职工来往于多个工作场所之间的合理区域。本案中，位于商业中心八楼的某公司办公室，是孙某的工作场所，而其完成去机场接人的工作任务需驾驶的汽车停车处，是孙某的另一处工作场所。汽车停在商业中心一楼的门外，孙某要完成开车任务，必须从商业中心八楼下到一楼门外停车处，故从商业中心八楼到停车处是孙某来往于两个工作场所之间的合理区域，也应当认定为孙某的工作场所。

2. 关于孙某是否“因工作原因”摔伤的问题

《工伤保险条例》第十四条规定的“因工作原因”，指职工受伤与其从事本职工作之间存在关联关系，即职工受伤与其从事本职工作存在一定关联。孙某为完成开车接人的工作任务，必须从商业中心八楼的某公司办公室下到一楼进入汽车驾驶室，该行为与其工作任务密切相关，是孙某为完成工作任务客观上必须进行的行为，不属于超出其工作职责范围的其他不相关的个人行为。因此，孙某在一楼门口台阶处摔伤，系为完成工作任务所致。园区劳动局主张孙某在下楼过程中摔伤，与其开车任务没有直接的因果关系，不符合“因工作原因”致伤，缺乏事实根据。另外，孙某接受本单位领导指派的开车接人任务后，从某公司所在商业中心八楼下到一楼，在前往院内汽车停放处的途中摔倒，孙某当时尚未离开公司所在院内，不属于“因公外出”的情形，而是属于在工作时间和工作场所内。

3. 关于孙某工作中不够谨慎的过失是否影响工伤认定的问题

《工伤保险条例》第十六条规定了排除工伤认定的三种法定情形，即因故意犯罪、醉酒或者吸毒、自残或者自杀的，不得认定为工伤或者视同工伤。职工从事工作中存在过失，不属于上述排除工伤认定的法定情形，不能阻却职工受伤与其从事本职工作之间的关联关系。工伤事故中，受伤职工有时具有疏忽大意、精力不集中等过失行为，工伤保险正是分担事故风险、提供劳动保障的重要制度。如果将职工个人主观上的过失作为认定工伤的排除条件，违反工伤保险“无过失补偿”的基本原则，不符合《工伤保险条例》保障劳动者合法权益的立法目的。据此，即使孙某工作中在行走时确实有失谨慎，也不影响其摔伤系“因工作原因”的认定结论。园区劳动局以导致孙某摔伤的原因不是雨、雪天气使台阶地滑，而是因为孙某自己精力不集中导致为由，主张孙某不属于“因工作原因”摔伤而不予认定工伤，缺乏法律依据。

综上，园区劳动局作出的不予认定孙某为工伤的决定，缺乏事实根据，适用法律错误，依法应予撤销。

案例 1 -41　劳动者交通事故死亡事件的工伤认定

（一）案例描述

原告王某系王小王之父。王小王是四川某公司职工。2013 年 3 月 18 日，王小王因交通事故死亡。由于王小王驾驶摩托车倒地翻覆的原因无法查实，四川省峨眉山市公安局交警大队于同年 4 月 1 日依据《道路交通事故处理程序规定》第五十条的规定，作出《道路交通事故证明》。

2013 年 4 月 10 日，第三人四川某公司就其职工王小王因交通事故死亡，向被告乐山市人力资源和社会保障局申请工伤认定，并同时提交了峨眉山市公安局交警大队所作的《道路交通事故证明》等证据。被告以公安机关交通管理部门尚未对本案事故作出交通事故认定书为由，于当日作出《工伤认定时限中止通知书》（以下简称《中止通知》），并向原告和第三人送达。

2013 年 6 月 24 日，原告通过国内特快专递邮件方式，向被告提交了《恢复工伤认定申请书》，要求被告恢复对王小王的工伤认定。因被告未恢复对王小王工伤认定程序，原告遂于同年 7 月 30 日向法院提起行政诉讼，请求判决撤销被告作出的《中止通知》。

法院于 2013 年 9 月 25 日作出判决，撤销被告乐山市人力资源和社会保障局于 2013 年 4 月 10 日作出的《中止通知》。一审宣判后，乐山市人力资源和社会保障局提起了上诉。乐山市中级人民法院二审审理过程中，乐山市人力资源和社会保障局递交撤回上诉申请书。乐山市中级人民法院经审查认为，上诉人自愿申请撤回上诉，属其真实意思表示，符合法律规定，遂裁定准许乐山市人力资源和社会保障局撤回上诉。一审判决已发生法律效力。

（案例来源：最高人民法院指导案例，http：//www. court. gov. cn/shenpan-xiangqing -27851. html。）

（二）案例评析

本案争议的焦点有两个：一是《中止通知》是否属于可诉行政行为；二是《中止通知》是否应当予以撤销。

1. 关于《中止通知》是否属于可诉行政行为问题

被告作出《中止通知》，属于工伤认定程序中的程序性行政行为，如果该行为不涉及终局性问题，对相对人的权利义务没有实质影响的，属于不成熟的行政行为，不具有可诉性，相对人提起行政诉讼的，不属于人民法院受案范围。但如果该程序性行政行为具有终局性，对相对人权利义务产生实质影响，并且无法通过提起针对相关的实体性行政行为的诉讼获得救济的，则属于可诉行政行为，相对人提起行政诉讼的，属于人民法院行政诉讼受案范围。

虽然根据《中华人民共和国道路交通安全法》第七十三条的规定："公安机关交通管理部门应当根据交通事故现场勘验、检查、调查情况和有关的检验、鉴定结论，及时制作交通事故认定书，作为处理交通事故的证据。交通事故认定书应当载明交通事故的基本事实、成因和当事人的责任，并送达当事人"。但是，在现实道路交通事故中，也存在因道路交通事故成因确实无法查清，公安机关交通管理部门不能作出交通事故认定书的情况。对此，《道路交通事故处理程序规定》第六十七条规定："道路交通事故基本事实无法查清、成因无法判定的，公安机关交通管理部门应当出具道路交通事故证明，载明道路交通事故发生的时间、地点、当事人情况及调查得到的事实，分别送达当事人，并告知申请复核、调解和提起民事诉讼的权利、期限。"就本案而言，峨眉山市公安局交警大队就王小王因交通事故死亡，依据所调查的事故情况，只能依法作出《道路交通事故证明》，而无法作出《交通事故认定书》。因此，本案中《道路交通事故证明》已经是公安机关交通管理部门依据《道路交通事故处理程序规定》就事故作出的结论，也就是《工伤保险条例》第二十条中规定的工伤认定决定需要的"司法机关或者有关行政主管部门的结论"。除非出现新事实或者法定理由，否则公安机关交通管理部门不会就本案涉及的交通事故作出其他结论。而本案被告在第三人申请认定工伤时已经提交了相关《道路交通事故证明》的情况下，仍然作出《中止通知》，并且一直到原告起诉之日，被告仍以工伤认定处于中止中为由，拒绝恢复对王小王死亡是否属于工伤的认定程序。由此可见，虽然被告作出《中止通知》是工伤认定中的一种程序性行为，但该行为将导致原告的合法权益长期，乃至永久得不到依法救济，直接影响了原告的合法权益，对其权利义务产生实质影响，并且原告也无法通过对相关实体性行政行为提起诉讼以获得救济。因此，被告作出《中止通知》，属于可诉行政行为，人民法院应当依法受理。

2. 关于《中止通知》应否予以撤销问题

《工伤保险条例》第二十条规定："……。作出工伤认定决定需要以司法机关或者有关行政主管部门的结论为依据的，在司法机关或者有关行政主管部门尚未作出结论期间，作出工伤认定决定的时限中止。……”如前所述，第三人在向被告就王小王死亡申请工伤认定时已经提交了《道路交通事故证明》。也就是说，第三人申请工伤认定时，并不存在《工伤保险条例》第二十条所规定的依法可以作出中止决定的情形。因此，被告依据《工伤保险条例》第二十条规定，作出《中止通知》属于适用法律、法规错误，应当予以撤销。另外，需要指出的是，在人民法院撤销被告作出的《中止通知》判决生效后，被告对涉案职工认定工伤的程序即应予以恢复。

案例 1－42　双重劳动关系下工伤赔偿责任承担问题

（一）案例描述

覃某是某市房地产开发公司的职工，该公司一直未为其参加工伤保险。覃某于 2015 年 10 月 7 日在工作过程中受伤，经人力资源社会保障行政部门认定为工伤。因覃某伤情较重，受伤后一直在医院住院治疗，直至 2016 年 10 月 24 日因全身器官功能衰竭死亡。2016 年 10 月 28 日，经劳动能力鉴定委员会鉴定覃某为工伤一级伤残。

2016 年 12 月 22 日，覃某近亲属向劳动人事争议仲裁委员会申请仲裁，请求裁决某市房地产开发公司支付覃某因工死亡丧葬补助金、供养亲属抚恤金和一次性工亡补助金共计 80 万元。

处理结果：裁决某市房地产开发公司支付覃某近亲属丧葬补助金、供养亲属抚恤金和一次性工亡补助金共计 782720. 50 元。

（案例来源：四川 2017 十大劳动人事争议典型案例，http：//rlzyshbzj. cnbz. gov. cn/index. php/cms/item-view-id－10216. shtml。）

（二）案例评析

《工伤保险条例》第三十三条规定：“职工因工作遭受事故伤害或者患职业病需要暂停工作接受工伤医疗的，在停工留薪期内，原工资福利待遇不变，由所在单位按月支付。停工留薪期一般不超过 12 个月。伤情严重或者情况特殊，经设区的市级劳动能力鉴定委员会确认，可以适当延长，但延长不得超过 12 个月。”

本案中覃某因工受伤后住院治疗，符合《工伤保险条例》第三十三条规定的停止工作接受工伤医疗的条件。由于劳动能力鉴定委员会在覃某工伤住院死亡后的第 4 日才作出工伤一级伤残的鉴定结论，此时覃某已死亡，导致劳动能力鉴定委员会无法按照正常程序对覃某是否应当延长停工留薪期进行确认并作出结论。鉴于覃某工伤一级伤残，且工伤后持续住院治疗伤情加重死亡的事实，虽然劳动能力鉴定委员会尚未对其是否延长停工留薪期进行确认，但应当认定覃某属于“伤情严重”的情形，符合工伤职工延长停工留薪期条件，覃某的死亡应当认定为停工留薪期内死亡。《工伤保险条例》第三十九条规定："职工因工死亡，其近亲属按照下列规定从工伤保险基金领取丧葬补助金、供养亲属抚恤金和一次性工亡补助金：（一）丧葬补助金为6个月的统筹地区上年度职工月平均工资；（二）供养亲属抚恤金按照职工本人工资的一定比例发给由因工死亡职工生前提供主要生活来源、无劳动能力的亲属。标准为：配偶每月40%，其他亲属每人每月30%，孤寡老人或者孤儿每人每月在上述标准的基础上增加10%。核定的各供养亲属的抚恤金之和不应高于因工死亡职工生前的工资。供养亲属的具体范围由国务院社会保险行政部门规定；（三）一次性工亡补助金标准为上一年度全国城镇居民人均可支配收入的20倍。伤残职工在停工留薪期内因工伤导致死亡的，其近亲属享受本条第一款规定的待遇。一级至四级伤残职工在停工留薪期满后死亡的，其近亲属可以享受本条第一款第（一）项、第（二）项规定的待遇。"

由于某市房地产开发公司一直未为覃某参加工伤保险，根据《中华人民共和国社会保险法》第四十一条规定，"职工所在用人单位未依法缴纳工伤保险费，发生工伤事故的，由用人单位支付工伤保险待遇。……"

综上，劳动人事争议仲裁委员会裁决某市房地产开发公司支付覃某近亲属丧葬补助金、供养亲属抚恤金和一次性工亡补助金。

案例1-43　未足额缴纳工伤保险费导致的待遇差额由用人单位承担

（一）案例描述

皮某2011年1月1日入职江海区某物流公司，合同期限自2011年1月1日至2012年12月31日，约定月工资为969元，参加了社会保险。2011年6月20日皮某在送货途中发生交通事故，在医院住院治疗37天，同年7月27日出院，休息一个月后上班，某物流公司支付了皮某住院期间工资，皮某没有对停工留薪期进行认定。皮某于2012年10月8日至11月8日第二次入医院治疗，住院期间，某物流公司向皮某发放了工资，皮某第二次出院后一直没有上班。2011年8月5日，皮某所受伤被认定为工伤，2013年3月11日，劳动能力鉴定复查为伤残等级九级。皮某2011年1~5月平均工资为2020元，而某物流公司以1215元作为皮某月工资标准缴纳工伤保险费。皮某认为某物流公司没有足额缴纳社会保险费，导致其享受的工伤待遇降低，皮某申请劳动仲裁，要求某物流公司支付一次性伤残就业补助金及一次性伤残补助金、一次性工伤医疗补助金的差额。

（案例来源：江门市人社局，http://ldj.jiangmen.gov.cn/zcfg/zcjd/201411/t20141113_646837.html。）

（二）案例评析

皮某的伤残等级为九级，如果双方解除或终止劳动关系，《广东省工伤保险条例》第三十二条、第六十四条规定，皮某可以享受的工伤待遇，包括由工伤保险基金支付一次性伤残补助金（9个月的本人工资）和一次性工伤医疗补助金（2个月的本人工资），由某物流公司支付一次性伤残就业补助金（8个月的本人工资）。皮某受伤前的月平均工资为2020元，而某物流公司仅按1215元的标准为皮某缴纳工伤保险费，因而工伤保险基金核发的工伤待遇与按皮某发生工伤前12个月平均工资计算的工伤待遇存在差额。《广东省工伤保险条例》第五十六条规定："用人单位少报职工工资，未足额缴纳工伤保险费，造成工伤职工享受的工伤保险待遇降低的，工伤保险待遇差额部分由用人单位向工伤职工补足。"由于某物流公司未如实申报皮某的实际工资额，因此某物流公司除要支付一次性伤残就业补助金外，还要承担工伤待遇差额部分。

工伤保险是社会保险的重要组成部分，意在保障劳动者的最低生活和医疗费用支出，补偿范围和补偿金额通常需要综合考虑多种因素，包括受侵害劳动者伤残等级、原有工资水平、上一年度全国城镇居民人均可支配收入、统筹地区经济发展水平等，具有动态调整性和精神损害不补偿性。完整赔偿的侵权损害赔偿旨在恢复损害发生前受害者的状态，法院通常需要计算未来具体赔偿的必要支出和侵权人能否完整承担侵权责任，同时，最终补偿可能因法官的个人偏好有所不同①。

案例1-44　工伤二次医疗费用由工伤保险基金或单位承担

（一）案例描述

李某为某公司的员工，公司为其缴纳了包括工伤保险在内的各项社会保险费。2012年10月，李某在工作过程中受伤，同年12月，经人力资源与社会保障局认定其所受伤害构成工伤，后经鉴定为工伤十级伤残。2013年6月，双方劳动合同关系期满后未续签劳动合同。为解决工伤赔偿问题，原告向劳动争议仲裁委员会提起劳动仲裁，后公司按照仲裁裁决支付了工伤医疗费、一次性伤残补助金、一次性工伤医疗补助金等。2014年1月，李某取内固定花费9000余元，李某认为二次医疗所花的费用系后续治疗工伤引起，故提起仲裁，要求仲裁裁决支持二次医疗产生的医疗费及护理费，伙食补助费等，劳动争议仲裁委员会以双方劳动关系已终止为由，驳回了李某的仲裁请求，李某不服该裁决向法院提起诉讼，要求公司支付后续治疗费。

（案例来源：搜狐网，http：//www.sohu.com/a/257187170_809973。）

（二）案例评析

依据《工伤保险条例》第三十八条规定："工伤职工工伤复发，确认需要治疗的，享受本条例第三十条、第三十二条和第三十三条规定的工伤待遇。"由此可见，如果用人单位为劳动者缴纳了工伤保险，工伤后续治疗费用应由工伤保险基金承担，如果没有

① 雷苗苗．我国工伤保险与侵权损害赔偿的司法实践与立法完善［J］．兰州教育学院报，2019，35（8）：155-156.

缴纳，则由用人单位负担。

因工伤发生在劳动者与用人单位劳动关系存续期间，而劳动者因工受伤后的治疗可能是一个持续的过程，故对于后续治疗的费用，工伤保险基金或者用人单位应当予以支付。

一次性医疗补助金是对工伤劳动者解除或终止劳动合同后，使工伤职工在离开原单位后工伤病情发生变化需要治疗时能够有一定的医疗保障，是对可能需要的后续医疗费的一个大略补偿，若工伤职工实际支出的后续治疗费用大于一次性工伤医疗补助金的，可找单位或者工伤保险基金补足差额，如后续治疗费用小于一次性工伤医疗补助金的，应由工伤职工自行承担。

案例提示：工伤住院医疗费由用工单位或者个人先行垫付。参加了工伤保险的，由工伤保险机构审核报销；没有参加工伤保险的，由单位支付。

第五节　生育保险

案例 1－45　“三期”女职工仍需遵守单位规章制度

（一）案例描述

刘某系某外贸公司女员工，于 2014 年 3 月入职，双方订立了为期 3 年的劳动合同。2016 年 11 月，刘某生产一子后回外地老家休产假，产假期满后因感身体不适，又向外贸公司申请休病假 1 个月，并出具了医院的诊断证明。病假期满后刘某仍感身体不适，再次打电话向外贸公司请事假继续在家休息调养，外贸公司同意刘某休 1 个月的事假。休完事假后，刘某未回公司报到，亦未继续请事假或病假，外贸公司主动与刘某联系，发现刘某的手机不是关机就是无人接听。持续近 2 周后，外贸公司只好向刘某在老家的住址寄送了《返岗通知书》，要求其在收到《返岗通知书》后一周内到公司报到上班。在超过公司指定的报到时间 3 天后，刘某回到了外贸公司报到。次日，外贸公司决定以连续旷工超过 3 天以上、严重违反用人单位规章制度为由与刘某解除劳动合同。刘某认为自己处于“三期”，应当受到特别保护，外贸公司的解除行为违法，遂申请劳动仲裁，要求支付违法解除劳动合同赔偿金。

仲裁委审理后认为，刘某休完事假后继续在家休养，但未履行请事假手续，也非休病假，故应认定为旷工多日，构成了严重违反公司规章制度，故裁决驳回了刘某的仲裁请求。

（案例来源：北京市人力资源和社会保障局，http：//www. bjrbj. gov. cn/ztfw/dxal/201707/t20170719_66888. html。）

（二）案例评析

我国法律对“三期”女职工保护有特别规定，如《女职工劳动保护特别规定》第五条规定："用人单位不得因女职工怀孕、生育、哺乳降低其工资、予以辞退、与其解除劳动或者聘用合同。"《中华人民共和国劳动合同法》第四十二条中规定："劳动者有下列情形之一的，用人单位不得依照本法第四十条、第四十一条的规定解除劳动合同：……；（四）女职工在孕期、产期、哺乳期的；……"

但"三期"女职工的保护是有条件的，并非无原则。现实生活中部分女职工因孕而"有恃无恐"，如不请假、不到岗、不接受工作安排等，一些用人单位也因不知该如何实现对"三期"女职工的管理权而"谈孕色变"。实质上，上述法律规定是指用人单位不得单纯以女职工"三期"为由降低工资、解除劳动合同，并不能理解为"三期"女职工在任何情形下都不得解除劳动合同。"三期"女职工如有符合《中华人民共和国劳动合同法》第三十九条规定情形的，如严重违纪、给用人单位造成重大损失等，用人单位仍可行使单方解除权，故"三期"女职工不能以自己处于"三期"为由而不受用人单位依法制订的规章制度的约束。

综上所述，用人单位规章制度对"三期"女职工同样适用。

案例1-46　用人单位不能侵犯女职工生育权益

（一）案例描述

2015年4月27日，梁某到某专科医院上班，担任住院医师，月薪6000元。2015年7月1日，双方正式签订劳动合同，合同期限为一年。双方在劳动合同中约定，在合同期内梁某不得生育，若违反约定，某专科医院不支付梁某孕期诊疗及产假期间的工资，且期间的社会保险费由梁某全额承担。2015年11月17日，梁某称因怀孕期间身体不适向某专科医院请假，时间为2015年11月17日~2016年1月16日。2016年1月17日，梁某向某专科医院递交了请产假的请假条，某专科医院同意了梁某的请假。2016年2月21日，梁某产下一女婴。2016年5月16日，某专科医院以短信方式通知梁某于2016年6月30日终止劳动合同。2015年11月17日~2016年6月30日，某专科医院未支付梁某病假、产假工资，并由梁某承担了此期间应由某专科医院缴纳的社会保险费9540元。

2016年9月，梁某向劳动人事争议仲裁委员会申请仲裁，请求裁决某专科医院返还孕期哺乳期请假期间违法收取的社会保险费用9540元、支付怀孕期间和产假期间工资47720元、支付违法终止劳动合同经济赔偿金12000元。

处理结果：裁决某专科医院返还梁某社会保险费9540元，支付梁某病假工资、产假工资、经济赔偿金等共计48808元。

（案例来源：四川2017十大劳动人事争议典型案例，http：//rlzyshbzj. cnbz. gov. cn/index. php/cms/item-view-id－10216. shtml。）

（二）案例评析

《中华人民共和国就业促进法》第二十七条规定："……。用人单位录用女职工，不得在劳动合同中规定限制女职工结婚、生育的内容。”因此，某专科医院与梁某在劳动合同中约定梁某不得生育的条款，不符合法律规定，属于无效条款。

《中华人民共和国劳动合同法》第四十五条规定：“劳动合同期满，有本法第四十二条规定情形之一的，劳动合同应当延续至相应情形消失时终止。……”其中包括女职工在孕期、产期、哺乳期的情形。某专科医院在2016年6月30日终止梁某劳动合同的行为属于违法终止。

《女职工劳动保护特别规定》第五条规定：“用人单位不得因女职工怀孕、生育、哺乳而降低其工资、予以辞退、与其解除劳动或聘用合同。”梁某产假期间工资应由某专科医院按照产前工资标准支付。

根据《中华人民共和国劳动法》和《中华人民共和国社会保险法》规定，在劳动关系存续期间，用人单位和劳动者应当依法共同缴纳社会保险费。某专科医院要求梁某承担应由医院缴纳的社会保险费，违反法律规定，属于无效约定，应予返还。综上，劳动人事争议仲裁委员会裁决某专科医院返还梁某社会保险费，支付梁某病假工资、产假工资、经济赔偿金。

目前，全面二孩政策下，女职工生育保障问题受到各方关注。部分用人单位未参加生育保险，且存在行业类别与企业所有制性质方面的差异。因此，我国应尽快出台《生育保险法》，完善生育保障相关法律法规。同时，要做好宣传工作。一是要强化企业管理人员对女性职工生育保障的责任意识，通过向他们宣传、培训各类法律法规，提高用人单位执行政策的自觉性，使女性职工生育保障的各类规定得以落实；二要加强对女性职工法律法规的宣传教育，增强法律观念和维权意识，提高自我保护意识和能力，运用法律武器维护生育权益[①]。

案例1－47 外来从业人员的生育保险参保问题

（一）案例描述

2011年1月，某杂志编辑李某已怀孕7个月，但从2009年8月进入这家杂志社起，单位从未给她缴过社保，“现在要生宝宝了，我是外地户口，只能通过单位缴金才能享受生育保险，真不知道该怎么办才好！”目前，区劳动监察部门已介入调解，杂志社口头承诺会结清欠款和补缴社保。

（案例来源：《劳动报》劳权周刊，http：//www. labour-daily. cn/ldb/node19/node23/u1a11055. html。）

① 刘祎蓝. 女性职工生育保障现状及其对二孩生育意愿的影响——基于苏州的实证分析［J］. 劳动保障世界，2018（21）：21－22.

（二）案例评析

上海市人力资源和社会保障局《关于外来从业人员参加本市城镇职工基本养老保险若干问题的通知》（以下简称《通知》）规定，从2009年7月1日起，与属于参加本市城镇基本养老保险范围的用人单位建立劳动关系，且具有外省市城镇户籍的从业人员，年龄在45周岁以下的或者与属于参加本市城镇基本养老保险范围的用人单位建立劳动关系的外省市非城镇户籍、年龄在45周岁以下的人员，符合下列条件之一的，经与用人单位协商一致，可以参加本市城镇职工基本养老保险：1. 具有专业技术职称；2. 具有技师、高级技师国家职业资格证书；3. 单位需要的其他专门技术人员等，应当参加本市城镇职工基本养老保险。按照本通知第一条、第二条规定参加本市城镇职工基本养老保险的，应当同时参加本市城镇职工基本医疗保险、工伤保险、生育保险和失业保险。

2016年4月，上海市人民政府出台的《上海市人民政府关于外来从业人员参加本市城镇职工基本养老保险若干问题的通知》规定，2016年7月1日起，与本市用人单位建立劳动关系的外来从业人员，应当参加本市城镇职工基本养老保险，本规定的有效期至2021年6月30日。

根据上述规定，如李某等人属于以上情形的，应当补缴城镇职工基本养老保险费，符合规定领取条件的，可以享受本市生育保险待遇。如李某等人不属于《通知》规定范围，而属于缴纳本市外来从业人员综合保险范围的，所在单位应当按规定补缴综合保险，并按规定承担职工生育期间的工资等。

案例1－48　用人单位不得克扣生育津贴

（一）案例描述

李女士于2015年3月初入职某科技公司，每月工资4500元，双方签订三年固定期限劳动合同，并从当月起公司为她缴纳社会保险费。

2015年7月底，李女士怀孕4个多月时做了人工流产手术。在公司的要求下，她仅休息了一周时间就回单位上班，公司按正常出勤向她支付了工资。因李女士的生育保险连续缴费不足9个月等原因，直到2017年2月，公司才收到生育保险基金补支的生育津贴，其数额比李女士的实际工资多3562元。

2017年7月，李女士因家庭原因提出离职，在进行离职工资结算时，双方因生育津贴多出的3562元是否应给付李女士本人而发生争议，随后，她申请劳动争议调解。处理结果：科技公司于2017年8月15日前，一次性向李女士支付生育津贴差额3562元。

（案例来源：中工网，http：//right. workercn. cn/162/201803/06/180306095209241_3. shtml。）

（二）案例评析

本案涉及产假期间的待遇问题。根据《女职工劳动保护特别规定》第七条规定："女职工生育享受98天产假，其中产前可以休假15天；难产的，应增加产假15天；生育多胞胎的，每多生育1个婴儿，可增加产假15天。女职工怀孕未满4个月流产的，享受15天产假；怀孕满4个月流产的，享受42天产假。"根据《女职工劳动保护特别规定》第八条规定："女职工产假期间的生育津贴，对已经参加生育保险的，按照用人单位上年度职工月平均工资的标准由生育保险基金支付；对未参加生育保险的，按照女职工产假前工资的标准由用人单位支付。女职工生育或者流产的医疗费用，按照生育保险规定的项目和标准，对已经参加生育保险的，由生育保险基金支付；对未参加生育保险的，由用人单位支付。"

北京市人力资源和社会保障局《关于调整本市职工生育保险政策有关问题的通知》要求，参加本市生育保险的职工，因生育或计划生育享受产假的，产假期间可享受生育津贴。生育津贴按照职工所在用人单位月缴费平均工资除以30天再乘以产假天数计发。生育津贴即为产假工资，生育津贴高于本人产假工资标准的，用人单位不得克扣；生育津贴低于本人产假工资标准的，差额部分由用人单位补足。因此在本案中，科技公司应依法向李女士支付其生育津贴高于工资的差额部分。

案例1－49　因劳动者违反规章制度解除劳动关系后发现怀孕

（一）案例描述

2013年2月20日，王女士入职某科技公司，担任信息员，双方签订了期限至2016年2月19日的劳动合同，其中约定员工手册系劳动合同不可分割的组成部分。员工手册第二节考勤纪律第四条规定中载明：未履行请假手续且未经公司批准擅自离岗者，视为旷工；对于连续旷工达5个工作日以上的或一个月内旷工5个工作日以上的，视为重大违纪行为，公司有权与该员工解除劳动合同，并不支付任何经济补偿。

2015年7月19日~2015年7月27日，王女士未履行请假手续，无故未到岗工作。2015年8月3日，科技公司以王女士无故旷工，构成重大违纪，违反公司规章制度为由，向其当面送达解除通知，当日与其解除劳动关系。

2015年8月6日，王女士经医院诊断妊娠8周。当日，王女士向科技公司发送邮件，表明其已经怀孕，要求继续履行劳动合同，但公司予以拒绝。

经过仲裁后王女士提起诉讼，案件审理过程中，王女士认可员工手册的真实性，认可旷工事实，但主张2015年8月3日之前自己已经怀孕，科技公司无权与其解除劳动合同。法院审理后认为，2015年7月王女士旷工已经超过了5个工作日，科技公司依据员工手册与王女士解除劳动合同，符合法律规定，故判决驳回了王女士要求继续履行劳动合同的诉讼请求。

（案例来源：中国社保网，http：//www. spicezee. com/anli/160684. html。）

（二）案例评析

虽然《中华人民共和国劳动合同法》第四十二条规定："劳动者有下列情形之一的，用人单位不得依照本法第四十条、第四十一条的规定解除劳动合同：……；（四）女职工在孕期、产期、哺乳期的；……"但并非任何情形下，用人单位都无权与孕期女职工解除劳动关系。根据《中华人民共和国劳动合同法》第三十九条规定："劳动者有下列情形之一的，用人单位可以解除劳动合同：……；（二）严重违反用人单位的规章制度的；……"换言之，第三十九条规定的情形不受第四十二条不得解除情形的约束，如果孕期女职工存在第三十九条的情形，用人单位仍然可以与之解除劳动关系。

具体到本案，王女士在入职之初已知晓员工手册关于旷工的相关规定，并且对于旷工的事实予以认可，故其行为已构成严重违反用人单位的规章制度，科技公司据此与王女士解除劳动关系为合法解除，王女士无法以怀孕为由要求继续履行劳动合同。

案例 1 –50　双方协商一致解除劳动关系后发现怀孕

（一）案例描述

2015 年 11 月 3 日，林女士入职某公司担任前台接待，双方签有期限至 2016 年 11 月 2 日的劳动合同。2016 年 5 月 6 日，林女士与公司签订《协商解除劳动关系协议书》，约定双方通过协商一致于当日解除劳动关系，公司向林女士支付一次性解除赔补款 10. 5 万元。

2016 年 5 月 9 日，林女士经医院诊断怀孕 7 周，其向公司表示因查出怀孕，希望继续履行劳动合同，但公司予以拒绝。

诉讼中，林女士主张其签订《协商解除劳动关系协议书》时并不知晓自己已经怀孕，此种情形属于重大误解，应予以撤销。法院审理后认为，林女士对协议内容并不构成重大误解，另《协商解除劳动关系协议书》系双方协商一致、自愿签订，协议内容也并无显失公平的情形。作为完全民事行为能力人，林女士理应知悉且须承担其签字行为产生的法律后果，故判决驳回了林女士要求继续履行劳动合同的诉讼请求。

（案例来源：中国社保网，http：//www. spicezee. com/anli/160684. html。）

（二）案例评析

《中华人民共和国劳动合同法》第三十六条规定："用人单位与劳动者协商一致，可以解除劳动合同。"同时《最高人民法院关于审理劳动争议案件适用法律若干问题的解释（三）》第十条规定："劳动者与用人单位就解除或者终止劳动合同办理相关手续、支付工资报酬、加班费、经济补偿或者赔偿金等达成的协议，不违反法律、行政法规的强制性规定，且不存在欺诈、胁迫或者乘人之危情形的，应当认定有效。”换言之，劳动者和用人单位在平等、自愿的情形下有权就解除劳动关系事宜进行协商，并对相应权利进行处分。

具体到本案中，林女士与公司是自愿签署的《协商解除劳动关系协议书》，虽然法律规定，如果协议存在重大误解或者显失公平情形，当事人请求撤销的，人民法院应予支持。但本案在双方已协商一致解除劳动关系，并签署了《协商解除劳动关系协议书》，且实际履行了该协议后，林女士基于怀孕事实主张重大误解，显然并不属于民事法律意义上的“重大误解”。

总之，法律虽然特殊保护孕期女职工的合法权益，但孕期并非女职工的万能保护伞，法律对孕期女职工的保护亦有边界。在双方协商一致解除劳动关系或用人单位合法解除劳动关系的情形下，孕期女职工不能基于怀孕事实，要求继续履行劳动合同或支付违法解除劳动关系赔偿金。

案例 1－51　不缴社会保险费的公司须自行承担女员工的生育津贴

（一）案例描述

乔某于 2016 年 1 月入职某公司，双方签订 3 年期劳动合同。同年 5 月，乔某怀孕，公司在 6 月中旬将她辞退。乔某未在解除劳动合同通知书上签字，但公司从 5 月开始停发其工资。

乔某从 5 月起陆续请假（6 月上班 8 天；7 月上班 7 天；8 月上班 10 天），9 月未再上班。

2016 年 11 月乔某生育，休产假 98 天时人事部发短信让其上班，她告知对方生育假应该是 143 天（128 天加 15 天），人事部没再催她上班。2017 年 3 月 16 日，乔某联系公司人事部要求复职，对方说没岗位，乔某就没去上班。

2017 年 4 月，乔某申请仲裁，要求公司支付 2016 年 5 月 1 日～2016 年 11 月 11 日的工资、2016 年 11 月 12 日～2017 年 4 月 3 日的生育津贴。

最终结果：公司支付拖欠工资、生育津贴等 3.4 万余元。

（案例来源：中工网，2017 年北京工会劳动维权十大案例评析，http：//acftu.workercn.cn/36/201801/18/180118152205166_2.shtml。）

（二）案例评析

在本案例中涉及两个问题：一是怀孕女职工能否解除劳动合同；二是生育津贴谁来支付。

《女职工劳动保护特别规定》第五条规定：“用人单位不得因女职工怀孕、生育、哺乳而降低其工资、予以辞退、与其解除劳动或者聘用合同。”

《中华人民共和国劳动合同法》第四十二条规定：“劳动者有下列情形之一的，用人单位不得依照本法第四十条、第四十一条的规定解除劳动合同：……；（四）女职工在孕期、产期、哺乳期的；……”

《中华人民共和国劳动合同法》第四十五条规定：“劳动合同期满，有本法第四十二条规定情形之一的，劳动合同应当续延至相应的情形消失时终止。……”

乔某处于怀孕期，因此，乔某没有重大过失的情况下单方面辞退乔某是不符合法律规定的。

生育保险是社会保险的重要组成部分。用人单位应当依法、及时足额缴纳相关社会保险费。

《中华人民共和国劳动法》第七十三条规定：“……。劳动者享受的社会保险金必须按时足额支付。”

《中华人民共和国社会保险法》第八十四条规定：“用人单位不办理社会保险登记的，由社会保险行政部门责令限期改正；逾期不改正的，对用人单位处应缴社会保险费数额一倍以上三倍以下的罚款，对其直接负责的主管人员和其他直接责任人员处五百元以上三千元以下的罚款。”第八十六条规定：“用人单位未按时足额缴纳社会保险费的，由社会保险费征收机构责令限期缴纳或者补足，并自欠缴之日起，按日加收万分之五的滞纳金；逾期仍不缴纳的，由有关行政部门处欠缴数额一倍以上三倍以下的罚款。”

《最高人民法院关于审理劳动争议案件适用法律若干问题的解释（三）》第一条规定：“劳动者以用人单位未为其办理社会保险手续，且社会保险经办机构不能补办导致其无法享受社会保险待遇为由，要求用人单位赔偿损失而发生争议的，人民法院应予受理。”

北京市《关于调整本市职工生育保险政策有关问题的通知》第四条规定：“……；自本通知执行之日起 9 个月后分娩的，如连续缴费不足 9 个月，其生育津贴由用人单位支付。”

因乔某所在公司未能及时为其缴纳社会保险费，使他 2016 年 11 月生育时因为产前连续缴费不足 9 个月，导致其无法正常享受生育津贴，因此，乔某的生育津贴费用由单位支付。

案例 1－52　“三期”期间不得恶意降薪

（一）案例描述

王女士在一家科技公司任实验室研究员。2013 年 1 月 31 日，王女士生育一女。休完产假后，王女士回到公司工作，公司仍安排其继续从事有毒有害实验，还以其未履行岗位职责为由仅按照北京市最低工资标准支付工资报酬。王女士诉至法院，主张公司在其哺乳期让其做有毒有害实验，且无正当理由克扣工资，故要求公司向其支付拖欠的工资。

法院经审理认为，任何单位不得因结婚、怀孕、产假、哺乳等情形，降低女职工的工资。该公司在王女士哺乳期内降低工资的做法明显违反了国家的法律规定，应当将降低工资部分补发给王女士。

（案例来源：中国法院网，https：//www. chinacourt. org/index. shtml。）

（二）案例评析

《女职工劳动保护特别规定》第五条规定了“用人单位不得因女职工怀孕、生育、哺乳而降低其工资、予以辞退、与其解除劳动或聘用合同。”

如果“三期”女职工的现工作岗位对其身体有害，用人单位应与女职工协商将其调到适合其身体状况的岗位，但是，不得以女职工怀孕、生育、哺乳为由降薪。

案例1－53　女职工哺乳期拒绝加班不能解除劳动合同

（一）案例描述

2015年8月初，小周休完128天产假后回单位上班。由于单位需要经常加班，无奈她与领导协商，其在哺乳期内，能否不加班。领导称，已按国家规定给她放了产假，休完产假后，她应该和单位其他职工一样上班工作。因要哺乳婴儿，小周连续3天没加班，领导便以其严重违反单位规章制度为由，解除了劳动合同。小周向当地劳动人事争议仲裁委员会申请仲裁，请求裁决公司解除劳动合同无效，恢复履行原劳动合同。仲裁委受案后，向该公司释明有关女职工哺乳期保护的政策法规，单位随即恢复了原劳动合同的履行。

（案例来源：中工网，http：//right. workercn. cn/898/201512/13/151213105204153. shtml。）

（二）案例评析

《中华人民共和国劳动法》第六十三条规定：“不得安排女职工在哺乳未满1周岁的婴儿期间从事国家规定的第三级体力劳动强度的劳动和哺乳期禁忌从事的其他劳动，不得安排其延长工作时间和夜班劳动。”

《女职工劳动保护特别规定》第九条规定：“对哺乳未满1周岁婴儿的女职工，用人单位不得延长劳动时间或者安排夜班劳动。……”

本案中，公司的做法明显存在违法违规行为，与女职工哺乳期受到保护的政策法规相悖。

案例1－54　未缴生育保险的用人单位须承担生育医疗费

（一）案例描述

李女士2007年入职一家纺织公司，岗位为缝合工，一直工作至2014年2月底。在职期间，公司未为其缴纳社会保险费。2013年8月1日，李女士生育一子。因其不能享受生育保险待遇，李女士诉至法院，要求公司支付其生育医疗费。

法院经审理认为，公司未为李女士缴纳生育保险费致使其不能享受生育保险待遇，无法向社会保险经办机构报销生育医疗费，故公司应向李女士支付符合生育保险报销条件的生育医疗费。

（案例来源：中国法院网，https：//www. chinacourt. org/index. shtml。）

（二）案例评析

根据《中华人民共和国社会保险法》第五十三条规定："职工应当参加生育保险，由用人单位按照国家规定缴纳生育保险费，职工不缴纳生育保险费。"第五十四条规定："用人单位已经缴纳生育保险费的，其职工享受生育保险待遇；职工未就业配偶按照国家规定享受生育医疗费用待遇。所需资金从生育保险基金中支付。生育保险待遇包括生育医疗费用和生育津贴。"

根据《女职工劳动保护特别规定》第八条规定："女职工产假期间的生育津贴，对已经参加生育保险的，按照用人单位上年度职工月平均工资的标准由生育保险基金支付；对未参加生育保险的，按照女职工产假前工资的标准由用人单位支付。女职工生育或者流产的医疗费用，按照生育保险规定的项目和标准，对已经参加生育保险的，由生育保险基金支付；对未参加生育保险的，由用人单位支付。"

对未依法为其职工缴纳生育保险费的用人单位，按照《中华人民共和国社会保险法》第六十三条、第八十六条等有关规定处理。因此，用人单位不能为了节约用工成本逃避缴纳社会保险费的义务，否则所需负担的医疗费用等各项支出可能会远远高于缴纳社会保险的费用。

案例1－55　不得以休产假为由拒发年终奖

（一）案例描述

张女士于2013年3月入职一家软件技术公司担任营销方案经理，签订了为期三年的劳动合同。2014年8月1日至2014年11月23日，张女士休产假，公司主张因张女士怀孕、休产假、请病假等无法保证工作时间，对公司贡献很小，故无权获得2014年年终奖。张女士则认为公司 2013 年按照其年薪的 15% 向其发放了年终奖，其 2014 年的工作表现获得了领导的认可，休产假之外的时间其仍在职工作，故诉至法院，要求公司向其支付 2014 年年终奖。

法院经审理认为，公司与张女士对年终奖的发放存在约定且具备支付记录，休产假是女职工的合法权利，公司没有提供对张女士进行考核的依据亦无张女士考核不合格的证据，故结合张女士产假期间的时长等因素酌定公司应向张女士支付 2014 年年终奖 20000 元。

（案例来源：中国法院网，https：//www. chinacourt. org/index. shtml。）

（二）案例评析

年终奖是用人单位自主给予员工的一种福利待遇，并非用人单位的强制性义务，但如果用人单位的规章制度或者劳动合同条款中明确约定发放年终奖，用人单位就应根据约定履行义务。

根据《女职工劳动保护特别规定》第五条规定："用人单位不得因女职工怀孕、生育、哺乳而降低其工资予以辞退、与其解除劳动或者聘用合同。"

女职工休产假期间，用人单位应当视同其提供正常劳动并支付其工资，不得以女职工休产假为由拒发年终奖。

案例 1－56 "三期"期间劳动合同自动续延

（一）案例描述

孙女士于 2013 年 10 月 8 日入职一家公司任人事经理并于当日签订了一份期限至 2014 年 10 月 7 日的劳动合同。该劳动合同到期前，2014 年 9 月 3 日，公司向孙女士作出不再续签劳动合同通知。2014 年 10 月 16 日孙女士生育一子。孙女士主张其正处孕期，公司无权与其终止劳动合同，故诉至法院，要求继续履行劳动合同。

法院经审理认为，公司以劳动合同到期为由向孙女士提出终止劳动合同并承诺发放终止劳动合同补偿金，但孙女士正处于孕期，劳动合同应续延至孙女士哺乳期结束，故判决公司继续与孙女士履行劳动合同。

（案例来源：中国法院网，https：//www. chinacourt. org/index. shtml。）

（二）案例评析

《中华人民共和国劳动合同法》第四十五条规定："劳动合同期满，有本法第四十二条规定情形之一的，劳动合同应当续延至相应的情形消失时终止。但是，本法第四十二条第二项规定丧失或者部分丧失劳动能力劳动者的劳动合同的终止，按照国家有关工伤保险的规定执行。"

《中华人民共和国劳动合同法》第四十二条规定："劳动者有下列情形之一的，用人单位不得依照本法第四十条、第四十一条的规定解除劳动合同：……；（四）女职工在孕期、产期、哺乳期的；……"

因此，当女职工进入孕期后，即使劳动合同期满也应当续延至哺乳期结束之后才能终止，用人单位必须做的是"续延"而非"续签"。

案例 1－57　公司拒付病假及产假工资不合法

（一）案例描述

2017 年 11 月 6 日，李女士来到某区工会咨询，称其所在单位不履行国家法律，拒绝支付她怀孕期间的病假工资和产假工资。

经过了解得知，单位于 2016 年 2 月 14 日与李女士签订劳动合同，2016 年末该职工怀孕，2017 年 4 月进入临产期，自此单位停发了她的工资至 2017 年 9 月 30 日。

初步了解情况后，调解员与李女士所在单位进行电话联系、沟通，核实情况。

经过沟通协商后，该单位同意在调解中心进行调解，于是，2017 年 12 月 25 日，双方当事人走进调解室参加调解。处理结果：在仲裁调解员与工会调解员的努力下，双方当事人达成一致：单位支付李女士孕期病假工资及产假工资 35000 元，当天单位就将赔偿金交到了职工手中。

（案例来源：中工网，http：//right. workercn. cn/162/201803/06/180306095209241_5. shtml。）

（二）案例评析

《女职工劳动保护特别规定》第七条规定："女职工生育享受 98 天产假，其中产前可以休假 15 天；难产的，应增加产假 15 天；……"

《北京市企业职工生育保险规定》第十五条规定："生育津贴按照女职工本人生育当月的缴费基数除以 30 再乘以产假天数计算。生育津贴为女职工产假期间的工资，生育津贴低于本人工资标准的，差额部分由企业补足。"

《中华人民共和国社会保险法》第五十六条规定："职工有下列情形之一的，可以按照国家规定享受生育津贴：（一）女职工生育享受产假；（二）享受计划生育手术休假；（三）法律、法规规定的其他情形。生育津贴按照职工所在用人单位上年度职工月平均工资计发。"

本案中，李女士在孕期休病假、产假期间，公司未支付其工资的做法不符合法律规定，所以公司应予以支付。

第二章　社会救助案例

第一节　最低生活保障

案例 2－1　低保认定对象的问题

（一）案例描述

钱某是浙江当地的一名修车工，常年在路边修理自行车，收入微薄，每月大概有1000元的收入。钱某的妻子长年照顾卧病在床的母亲，没有办法工作，生活的重担全压在钱某一个人身上。2014年6月，钱某的女儿高中毕业，以优异的成绩考上了大学，钱某不想因为家庭条件让女儿失去上学的机会，但女儿的求学使原本不富裕的家庭陷入了更大的困境。邻居王某告诉钱某，像钱某这样的家庭可以申请最低生活保障，缓解一下压力。

（案例来源：《公民维权案例读本》，中国法制出版社2016年版，第173页。）

（二）案例评析

该案例讲述的是哪些家庭可以申请最低生活保障的问题。《社会救助暂行办法》第九条规定："国家对共同生活的家庭成员人均收入低于当地最低生活保障标准，且符合当地最低生活保障家庭财产状况规定的家庭，给予最低生活保障。"2012年民政部制定的《最低生活保障审核审批办法（试行）》第四条规定："户籍状况、家庭收入和家庭财产是认定低保对象的三个基本要件。持有当地常住户口的居民，凡共同生活的家庭成员人均收入低于当地低保标准，且家庭财产状况符合当地人民政府规定条件的，可以申请低保。"

上述案例中，从户籍状况看，钱某是浙江本地人，持有当地常住户口。从家庭收入看，钱某一家四口只有他一个劳动力，每个月只有1000元的收入，需要判断其共同生活的家庭成员人均收入是否低于浙江省的低保标准。从家庭财产看，需要判断钱某的家庭财产状况是否符合浙江省的规定条件。只有同时符合这三个条件才能享受低保。

案例 2－2　条件不符合被取消低保资格

（一）案例描述

2017 年 6 月，江西省某镇某村根据该县兜底保障扶贫专项整治工作安排，在村委会召开民主评议会，对该村的低保户进行民主评议。民主评议时，该村两位负责人，在明知村民老陈的大儿子在镇财政所工作，属国家公职人员，小儿子在村里建了建筑面积 380 多平方米的楼房，且一家有三人长期在广东打工，生活条件较好，对父母有赡养能力的情况下，未在评议会上提出取消老陈夫妇低保的意见、建议，且未按文件规定填写《安远县公职人员（高收入）近亲属享受城市、农村低保清理备案表》，导致该镇党委、政府和民政部门无法进一步审核，致使老陈夫妇继续违规享受低保待遇。该县对两位负责人失职问题进行了全县通报批评，责成某镇对该镇的低保对象进行再起底、再排查，以免类似情况发生，并由某镇纪委对两位负责人进行诫勉谈话。同时，该县召开低保评审委员会会议，决定从 2017 年 8 月开始取消老陈夫妇的低保资格。

（案例来源：中国江西网，http：//jxgz. jxnews. com. cn/system/2017/10/10/016453135. shtml。）

（二）案例评析

最低生活保障制度是国家对贫困人口的救助与帮扶，体现了社会公正。《社会救助暂行办法》第六十六条规定："违反本办法规定，有下列情形之一的，由上级行政机关或者监察机关责令改正；对直接负责的主管人员和其他直接责任人员依法给予处分：（一）对符合申请条件的救助申请不予受理的；（二）对符合救助条件的救助申请不予批准的；（三）对不符合救助条件的救助申请予以批准的；（四）泄露在工作中知悉的公民个人信息，造成后果的；（五）丢失、篡改接受社会救助款物、服务记录等数据的；（六）不按照规定发放社会救助资金、物资或者提供相关服务的；（七）在履行社会救助职责过程中有其他滥用职权、玩忽职守、徇私舞弊行为的。"第六十八规定："采取虚报、隐瞒、伪造等手段，骗取社会救助资金、物资或者服务的，由有关部门决定停止社会救助，责令退回非法获取的救助资金、物资，可以处非法获取的救助款额或者物资价值 1 倍以上 3 倍以下的罚款；构成违反治安管理行为的，依法给予治安管理处罚。"2012 年国务院印发的《城乡最低生活保障资金管理办法》第十七条规定："各级财政、民政部门应建立健全城乡低保资金信息公开制度，对资金的管理办法、分配因素和使用情况等，积极主动向社会公开并接受监督。"

上述案例中，江西省某镇某村两位负责人工作失职，明知村民老陈不符合低保条件却未提出取消老陈夫妇低保的意见、建议，致使老陈夫妇继续违规享受低保待遇。某镇纪委对该村两位负责人进行诫勉谈话。同时，取消老陈夫妇的低保资格。低保资格认定过程中出现的各种不合法的现象，导致社会福利资源被恶意侵占，丧失了最低生活保障制度的公平性。所以，对低保申报工作弄虚作假、优亲厚友的违规违纪行为，要层层追究责任，严肃问责。

案例 2－3　低保的领取资格问题

（一）案例描述

年近 90 岁的佟某某，是江苏省丹阳市某镇某村的一名普通农民。2008 年，她以家中无其他人居住，有一女，但身体多病且无生活能力、无经济来源为由，申请农村最低生活保障。丹阳市民政局经审批，认为其符合领取最低生活保障金的条件，于 2008 年 7 月 1 日向她发放了农村居民最低生活保障金领取证。2014 年 8 月至 9 月，丹阳市民政局了解到佟某某不再符合继续领取最低生活保障金的条件，于 2014 年 10 月停发了其最低生活保障金。佟某某不服，于 2015 年 1 月 12 日向丹阳市法院提起行政诉讼，要求丹阳市民政局依法按时发放其最低生活保障金。在该案审理过程中，因丹阳市民政局恢复发放，佟某某于 2015 年 3 月 25 日撤诉。2015 年 5 月 29 日，丹阳市某镇政府和佟某某所在村委会工作人员进行复查入户调查，得知佟某某一人独自生活，非共同生活的家庭成员中，65 岁的女儿尚在，而招来的女婿已亡。其女还育有三子，长子系当地某律师事务所合伙人，次子是个体工商户，三子是省城南京某三级甲等大医院的主任医师。某镇低保入户调查表载明：长子年收入为 100 万元，三子年收入为 20 万元。佟某某和调查人员均在该调查表中按手印和签字确认。之后，佟某某所在的某村委会和某镇政府均认为佟某某的三个外孙有足够的赡养能力，他们应给付的赡养费应当作为佟某某的家庭收入，佟某某不符合领取最低生活保障金的条件，建议丹阳市民政局取消佟某某的最低生活保障待遇。2015 年 6 月 19 日，丹阳市民政局根据丹阳市某镇政府的变更材料，按照审批程序，作出取消佟某某最低生活保障待遇的决定。

（案例来源：检察日报，http://newspaper. jcrb. com/2016/20161116/20161116_005/20161116_005_1. htm。）

（二）案例评析

最低生活保障是维护困难群众基本生活权益的基础性制度安排，必须救助真正困难的人群。《社会救助暂行办法》第九条规定："国家对共同生活的家庭成员人均收入低于当地最低生活保障标准，且符合当地最低生活保障家庭财产状况规定的家庭，给予最低生活保障。"《中华人民共和国婚姻法》第二十八条规定："有负担能力的祖父母、外祖父母，对于父母已经死亡或父母无力抚养的未成年的孙子女、外孙子女，有抚养的义务。有负担能力的孙子女、外孙子女，对于子女已经死亡或子女无力赡养的祖父母、外祖父母，有赡养的义务。”

上述案例中，佟某某的三个外孙有赡养义务和负担能力。通过入户调查、邻里走访和赡养人的证实，三个赡养义务人应当给付的赡养费远超出当地最低生活保障标准。丹阳民政局经审核认定佟某某不符合享受最低生活保障待遇。所以，佟某某不符合低保户的要求，可以停发佟某某最低生活保障待遇。

案例2－4　最低生活保障对象的申请与审核问题

（一）案例描述

61岁的余先生户籍在沙坪坝，他与前妻育有一子，孩子归母亲抚养。他未办理基本养老金所以未能退休，并且自称年龄偏大，找不到工作，所以向街道提出最低生活保障申请。接到余先生的申请后，低保员于2017年6月30日上午、7月1日上午、7月2日上午三次入户调查及邻里访问，发现其家庭情况属实。不过，仅仅依靠人员走访，并不一定能真实、完整地反映余先生的经济状况。经提交经济状况核查申请后，核查系统检出余先生有一辆加长版林肯。经与余先生联系后，他放弃了申请低保。

（案例来源：重庆晨报，http：//www. cqcb. com/hot/2017－08－30/464566_pc_2. html。）

（二）案例评析

最低生活保障制度是政府和社会向遭受意外灾害及无收入、低收入的公民提供援助以维持其基本生活需求，保障其最低生活水平的各种措施，是一项保民生、促公平的托底性、基础性制度安排。要保证有限的低保资金用于真正需要救助的人群，让低保政策的效益最大化，必须严格审核低保的申请程序。《社会救助暂行办法》第十一条规定：申请最低生活保障，按照下列程序办理：（一）由共同生活的家庭成员向户籍所在地的乡镇人民政府、街道办事处提出书面申请；家庭成员申请有困难的，可以委托村民委员会、居民委员会代为提出申请。（二）乡镇人民政府、街道办事处应当通过入户调查、邻里访问、信函索证、群众评议、信息核查等方式，对申请人的家庭收入状况、财产状况进行调查核实，提出初审意见，在申请人所在村、社区公示后报县级人民政府民政部门审批。（三）县级人民政府民政部门经审查，对符合条件的申请予以批准，并在申请人所在村、社区公布；对不符合条件的申请不予批准，并书面向申请人说明理由。

上述案例中，余先生向户籍所在地街道提出最低生活保障申请。接到余先生的申请后，低保员三次入户调查及邻里访问核实其家庭情况属实。但是通过信息核查后发现余先生有一辆加长版林肯，不符合低保条件，于是告知余先生，余先生放弃了申请低保。所以，对于低保户的申请审查，要建立民政与公安、社保、财税、人行、房产、车辆管理等部门的信息共享和联合审查机制。民政部门要加强与相关部门的横向联系，发挥联动作用，充分利用信息化手段严格审查低保户的准入资格，完善准入机制。

案例2－5 违规挪用低保款

（一）案例描述

2016年，根据菏泽市委的部署，某县委开展乡镇巡察。县委第四巡察组按照安排进驻某乡开展巡察工作。在A村，某县委第四巡察组在接到群众反映后兵分几路，通过与村委负责人谈话、查阅A村低保档案、召集所有低保户座谈、与17名村民以及9名相关知情人深入交谈，形成谈话笔录12份，初步掌握了A村村干部私分低保金的情况。

经查，该村共有低保户38户，只有6户持有低保卡，其余32户的低保卡并不在低保户手中，而是由村负责人杜某某集中管理。“村里年过70岁的老人，他一人分给300元，堵住老人的嘴不让闹事，我们的钱可全都没了踪影。”“钱在他们手里，又没发给我们。要说他们不贪，打死我都不信!”30多户没领到钱的低保户情绪激动。2013年、2014年两年，A村的低保金约有8万多元，村委会按照私下商定的标准，每个春节前给70岁以上老人每人发300元，共发了3万多元，剩下大概5万多元被村干部私分了。

另外，经调查发现，祝某某在某乡任干部兼民政助理员期间，利用办理低保金的工作便利，于2012年至2013年8次收受他人贿赂2.64万元。2012年初，某乡B村低保户陈某某失联，B村负责人颜某某将陈某某的低保卡交与祝某某。祝某某在未上报乡有关领导和上级主管部门的情况下，分4次将陈某某低保卡中的9230元取出并据为己有。祝某某等5名村干部随即被立案审查，目前均已受到党纪惩处。（本案例人名均为化名）

（案例来源：中国纪检监察报，http：//www.xinhuanet.com/legal/2017－05/05/c_129590852.htm。）

（二）案例评析

最低生活保障制度是社会保障体系中的“最后一道安全网”，是老百姓关注的焦点和热点，是贯彻落实“保基本、兜底线、促公平”的重要举措，在惠民生、解民忧、保稳定、促和谐等方面发挥了重要作用，有效保障了城乡困难群众的基本生活。

《社会救助暂行办法》第六十七条规定：“截留、挤占、挪用、私分社会救助资金、物资的，由有关部门责令追回；有违法所得的，没收违法所得；对直接负责的主管人员和其他直接责任人员依法给予处分。”2012年财政部、民政部印发的《城乡最低生活保障资金管理办法》第十二条规定：“城乡低保资金原则上实行社会化发放，通过银行、信用社等代理金融机构，直接发放到户。”上述案例中，A村负责人杜某某集中管理低保户的低保卡、收受他人贿赂、伙同其他村干部私分低保金、把失联陈某某低保卡中的钱取出并据为己有，这些行为都不符合《社会救助暂行办法》和《城乡最低生活保障资金管理办法》的规定，必然受到党纪惩处。

城乡低保资金是专项用于城乡低保对象的生活补助支出，严禁擅自扩大支出范围，不得以任何形式挤占、截留、滞留和挪用，不得从低保资金中列支工作经费。按月实行社会化发放。低保资金要严格按照民政部门核准对象和标准、财政部门核拨资金、金融机构代发到户的程序办理，切实从源头上控制资金使用风险。

案例2－6　工作人员违规办理最低生活保障的处分事件

（一）案例描述

2016年4月，禹城市纪委收到了一封举报信，反映张某某利用职务之便为其侄子小张申报低保的违纪问题。市纪委随即成立调查组，走访群众，调查取证，排查问题线索，事情的真相很快浮出水面。2008年8月，小张因心脏手术花去医药费5万余元，家庭生活出现困难。但其当时家庭经济、生活情况仍高于低保标准。2009年，其岳父为其购买了一辆农用三轮车从事蔬菜销售生意，生活进一步好转。2010年4月，时任某村党支部书记的张某某以侄子小张生过大病造成家庭生活困难为由申报了低保。随后，张某某辞去了该村负责人职务。2014年，禹城市开展“阳光低保”大核查工作，现任村负责人赵某某没有对本村有资格享受低保的村民逐户进行核实，导致小张仍继续享受低保至2016年4月，在村内造成不良影响。禹城市纪委认定，张某某在工作中优亲厚友，赵某某在工作中失职失责，分别给予张某某党内警告处分，给予赵某某党内严重警告处分，并责令民政部门取消小张的低保待遇。同时，市纪委启动“一案双查”问责机制，给予该镇民政助理党内警告处分。

（案例来源：凤凰网，http：//finance. ifeng. com/a/20160815/14750028_0. shtml。）

（二）案例评析

最低生活保障资金是贫困群众的“活命钱”，必须用于贫困人群的基本生活。为了低保金的安全，避免低保工作人员徇私舞弊，需要对低保工作人员包括民政部门工作人员和基层干部的权力进行有效制衡，防止职权滥用和以权谋私。

《社会救助暂行办法》第六十六条规定：“违反本办法规定，有下列情形之一的，由上级行政机关或者监察机关责令改正；对直接负责的主管人员和其他直接责任人员依法给予处分：（一）对符合申请条件的救助申请不予受理的；（二）对符合救助条件的救助申请不予批准的；（三）对不符合救助条件的救助申请予以批准的；（四）泄露在工作中知悉的公民个人信息，造成后果的；（五）丢失、篡改接受社会救助款物、服务记录等数据的；（六）不按照规定发放社会救助资金、物资或者提供相关服务的；（七）在履行社会救助职责过程中有其他滥用职权、玩忽职守、徇私舞弊行为的。”第六十八规定：“采取虚报、隐瞒、伪造等手段，骗取社会救助资金、物资或者服务的，由有关部门决定停止社会救助，责令退回非法获取的救助资金、物资，可以处非法获取的救助款额或者物资价值1倍以上3倍以下的罚款；构成违反治安管理行为的，依法给予治安管理处罚。”2012年国务院印发的《城乡最低生活保障资金管理办法》第十七条规定：“各级财政、民政部门应建立健全城乡低保资金信息公开制度，对资金的管理办法、分配因素和使用情况等，积极主动向社会公开并接受监督。”

上述案例表明，山东省禹城市某村负责人张某某利用职务之便，明知其侄子收入高于低保标准不符合低保条件，仍然为其侄子申报低保。现任村负责人赵某某失职失责，没有对本村有资格享受低保的村民逐户进行核实，在某村造成不良影响，分别给予张某某党内警告处分，给予赵某某党内严重警告处分，并取消小张的低保待遇。同时，对该镇民政助理给予党内警告处分。

案例2－7 最低生活保障工作人员的失职渎职问题

（一）案例描述

2011年9月，黄石经济技术开发区某镇民政负责人徐某某在明知该镇某社区居民卫某不符合低保条件的情况下，仍将其纳入最低生活保障人员名单，导致卫某在2012年至2015年12月期间连续四年享受低保政策，累计违规领取低保资金9560元。2016年至2017年7月湖北省大数据核查期间，徐某某对卫某不符合低保申领情况仍未进行整改，致使卫某继续违规领取低保资金5100元。2016年，在低保评定摸底反馈工作中，徐某某不按照程序严格审核把关，致使该镇在2017年开发区“大数据”监督检查工作中，发现共有78户不符合低保政策家庭，特别是2016年7月该镇某村吴某因打架斗殴被刑拘后，2016年9月某村违规为其申报低保，均经镇民政办审核通过。同时，徐某某还利用职务便利为他人谋取利益，收受他人贿赂1万元。2017年8月，黄石经济技术开发区纪工委对大数据监督检查发现的徐某某问题线索展开调查，并于2017年9月给予徐某某党内严重警告处分。

（案例来源：新浪网，http：//news.sina.com.cn/o/2018－04－12/doc-ifyzeyqc1588269.shtml。）

（二）案例评析

目前，我国最低生活保障相关部门和岗位人员的权力过于集中且缺少制约和监督，低保工作人员失职渎职的现象仍然存在。

《社会救助暂行办法》第六十六条规定：“违反本办法规定，有下列情形之一的，由上级行政机关或者监察机关责令改正；对直接负责的主管人员和其他直接责任人员依法给予处分：（一）对符合申请条件的救助申请不予受理的；（二）对符合救助条件的救助申请不予批准的；（三）对不符合救助条件的救助申请予以批准的；（四）泄露在工作中知悉的公民个人信息，造成后果的；（五）丢失、篡改接受社会救助款物、服务记录等数据的；（六）不按照规定发放社会救助资金、物资或者提供相关服务的；（七）在履行社会救助职责过程中有其他滥用职权、玩忽职守、徇私舞弊行为的。”第六十七条规定：“违反本办法规定，截留、挤占、挪用、私分社会救助资金、物资的，由有关部门责令追回；有违法所得的，没收违法所得；对直接负责的主管人员和其他直接责任人员依法给予处分。”2012 年国务院印发的《关于进一步加强和改进最低生活保障工作的意见》规定：“对因工作重视不够、管理不力、发生重大问题、造成严重社会影响的地方政府和部门负责人，以及在最低生活保障审核审批过程中滥用职权、玩忽职守、徇私舞弊、失职渎职的工作人员，要依纪依法追究责任。”

案例 2－8　对停发低保金的决定不服的问题

（一）案例描述

2013 年 9 月，邓某出车祸受伤，痊愈后无力从事重体力劳动，妻子也失业在家，儿子还在上学。邓某走投无路，申请了城市最低生活保障，相关单位核实情况后按月发放低保。2014 年 6 月，邓某的儿子毕业，并进入一家外企工作，月薪过万，民政部门得知这一情况，确认属实后决定停发低保，邓某不服。那么，不服停发最低生活保障金的决定，该怎么办？

（案例来源：七五普法图书中心：《公民维权案例读本》，中国法制出版社 2016 年版。）

（二）案例评析

《城市居民最低生活保障条例》第十五条规定：“城市居民对县级人民政府民政部门作出的不批准享受城市居民最低生活保障待遇或者减发、停发城市居民最低生活保障款物的决定或者给予的行政处罚不服的，可以依法申请行政复议；对复议决定仍不服的，可以依法提起行政诉讼。”

上述案例中，邓某可以向县级人民政府或者上一级民政部门申请复议。但需要注意的是，就本案的情况而言，由于邓某的儿子毕业后有了不错的工作，收入丰厚，其家庭已经不具备继续享受低保救助的条件了，当地民政部门的做法并无不当之处，邓某的请求得不到支持。

案例 2－9　最低生活保障积分制助推精准救助

（一）案例描述

在低保工作中，由于难以准确核算低保申请对象的收入而造成救助不精准，只考虑收入不考虑支出，又会造成部分因疾病、教育、突发灾难等原因致贫的家庭不能纳入低保保障范围。峨山县针对这一情况，在县、乡镇（街道）、村（社区）三级成立工作组，将责任落实到具体岗位和人员。制定多套试行评分标准，选定7个村委会进行试点，并对标准进行多次修改完善，形成了可操作的评分标准，制定出台《峨山县精准低保积分制实施办法》（简称《办法》）。《办法》对“家庭成员劳动力状况、家庭收入、家庭财产状况”三个大项进行细化、量化，通过积分制确定低保对象。

通过宣传培训，提高峨山县干部群众对精准低保积分制的认识。在认定工作中，坚持入户必须调查评分制度，做到村、乡、县三级层层入户核实，入户率达到100%，确保真实性；坚持听证民主评议制度，听证民主评议会议由村（社区）主持，乡镇（街道）驻村干部全程参与，当场晒贫、议贫，采用无记名投票方式对申请人家庭进行票决；坚持村（居）民小组、村（社区）、乡镇（街道）和县政府网站四级公示，实现阳光操作。低保资金全部实行社会化发放，减少中间环节，避免出现挪用克扣和不按时发放的问题；低保对象全部通过四道程序申请、全部实行分类管理，实现“一村一表、一户一册”管理。

（案例来源：玉溪网，http：//www. yuxinews. com/xw/sz/2018/01/4266941. shtml。）

（二）案例评析

《社会救助暂行办法》第九条规定：“国家对共同生活的家庭成员人均收入低于当地最低生活保障标准，且符合当地最低生活保障家庭财产状况规定的家庭，给予最低生活保障。”第十一条规定：“申请最低生活保障，按照下列程序办理：（一）由共同生活的家庭成员向户籍所在地的乡镇人民政府、街道办事处提出书面申请；（二）乡镇人民政府、街道办事处应当通过入户调查、邻里访问、信函索证、群众评议、信息核查等方式，对申请人的家庭收入状况、财产状况进行调查核实，提出初审意见，在申请人所在村、社区公示后报县级人民政府民政部门审批。（三）县级人民政府民政部门经审查，对符合条件的申请予以批准，并在申请人所在村、社区公布；对不符合条件的申请不予批准，并书面向申请人说明理由。”

上述案例中，《办法》对低保对象“家庭成员劳动力状况、家庭收入、家庭财产状况”三个大项进行细化、量化，通过积分制科学确定低保对象，实现精准脱贫。在认定工作中，坚持入户必须调查评分制度；坚持听证民主评议制度；坚持村（居）民小组、村（社区）、乡镇（街道）和县政府网站四级公示。低保资金全部实行社会化发放；低保对象全部通过四道程序申请、全部实行分类管理，实现“一村一表、一户一册”管理。积分制使干部群众直观地明白了谁该享受、谁不该享受的政策界线，实现了阳光操作，有效杜绝了人情保、关系保和鱼目混珠的现象。

案例 2 –10　精准识别、精准救助

（一）案例描述

马某某曾是黑龙江绥化市某县某社区的低保户。从 2015 年以来，在某县有 2100 人与马某某一样被取消低保资格。

“摸清家底不易，清退已领低保的人员更难。”某县民政局局长王某某说。2015 年底，某县主要领导干部包扶贫困户，进村入户调研走访，了解到存在着不符合条件却拿着低保、符合条件却没有纳入低保的问题。调研回来后，县委负责人王某立即主持召开县委常委会，决定在全县城乡开展低保“精准整治”。经过认真调研，县里了解到症结在于信息不共享、认定不精准，于是，提出了“三步走”的方法：启动居民家庭信息核对平台建设，打破信息不通的藩篱；加大城乡低保对象的走访核查力度，精准查人；把好三个关口，做到应保尽保、应退尽退。截至 2017 年一季度，全县取消了城乡低保 2700 人、新增 3230 人，实现了低保管理上的精准识别、精准救助。

（案例来源：人民网，http：//hlj. people. com. cn/n2/2017/0615/c379890 – 30330124. html。）

（二）案例评析

在最低生活保障制度实施过程中实行动态管理，低保对象有进有出，科学识别贫困群体并将其纳入低保制度的范围以及不再符合条件的对象实时退出，这是建立科学合理最低生活保障制度的必然要求。

《社会救助暂行办法》第十三条规定：“最低生活保障家庭的人口状况、收入状况、财产状况发生变化的，应当及时告知乡镇人民政府、街道办事处。县级人民政府民政部门以及乡镇人民政府、街道办事处应当对获得最低生活保障家庭的人口状况、收入状况、财产状况定期核查。最低生活保障家庭的人口状况、收入状况、财产状况发生变化的，县级人民政府民政部门应当及时决定增发、减发或者停发最低生活保障金；决定停发最低生活保障金的，应当书面说明理由。”

上述案例中，黑龙江绥化市某县通过进村入户调查对低保对象定期核查，发现存在信息不共享、认定不精准的问题后提出了“三步走”的方法：通过这些措施，实现了低保管理上的精准识别、精准救助，低保对象有退有进，实现了低保的动态管理。

案例 2 –11　农村最低生活保障与扶贫开发的衔接问题

（一）案例描述

41 岁的四川乐山市金口河区某镇某村村民卢某某曾是成都一家化妆品公司的主管，

月薪上万，却因病致贫。卢某某回到村里，镇上村里的帮扶党员干部经常来家里和她谈心，帮她想办法。在大家的鼓励下，卢某某一边养病一边自学养鸡，很快成了村里的养鸡达人。有党员干部帮助，跑山鸡和土鸡蛋不愁销路。身体稍有好转，卢某某又养了10多只羊，利用闲置的7亩多地种蔬菜，领到了村上设立的励志发展资金。通过一年的努力，有了3万多元的收入，成为一名“脱贫先锋”。

乐山沙湾区瞄准贫困地区产业发展的需求和贫困群众转移就业的需要，组织专家，深入贫困村开展种养殖技术培训，帮助6480名贫困群众户均掌握了1～2门实用技术。同时，组织3300多名身体健康、50岁以下的贫困群众参加区就业局组织的焊工、钳工等技能培训，提供就业岗位2630个。

“村企联姻”是沙湾区推进“扶智”脱贫的一步好棋。沙湾区引导41户生产经营状况好的非公企业结对30个市列贫困村，支持就业脱贫，深挖企业岗位，突出对标培训，吸附贫困群众就近就业，1348户贫困家庭实现“一人就业，全家脱贫”。支持基础建设，引导帮扶企业捐资2500万元、水泥750吨，支持贫困村硬化道路83千米、桥梁8座，建成村级活动场所1800平方米，全面改善贫困村生产生活条件。

不仅如此，沙湾区委把目光还投向了活跃的电商平台，在互联网上“支”起了农产品的“摊摊”。通过开展农村电商技能培训、建设农村电商线下服务点、开设农村电商线上网店等措施，沙湾全力推进电子商务进农村，构建了“线下发展、线上展示、同步销售、流通便捷”的格局。目前，已引进天虎云商、翼家小厨等电子商务平台，在网上建成了独具特色的沙湾馆，在30个市列贫困村建立了电商服务点和一支130余人的运营队伍。

（案例来源：人民网，http：//politics. people. com. cn/n1/2018/0129/c1001－29791413. html。）

（二）案例评析

农村最低生活保障制度与农村扶贫开发政策（简称“两项制度”）是我国农村反贫困的两项基本制度安排，在遏制农村贫困现象、促进农村长期稳定发展方面发挥了重要的作用，取得了令人瞩目的成效。

2016年国务院办公厅转发民政部等6部门《关于做好农村最低生活保障制度与扶贫开发政策有效衔接的指导意见》提出，通过农村低保制度与扶贫开发政策的有效衔接，形成脱贫攻坚合力，对符合低保标准的农村贫困人口实行政策性保障兜底，确保到2020年现行扶贫标准下农村贫困人口全部脱贫。其中，在政策衔接方面，符合农村低保条件的建档立卡贫困户，按规定程序纳入低保范围；符合扶贫条件的农村低保家庭，按规定程序纳入建档立卡范围。不在建档立卡范围内的农村低保家庭、特困人员，统筹使用相关扶贫开发政策。

上述案例中，四川乐山市由偏重“输血”型扶贫向注重“造血”型扶贫转变，把“富脑袋”摆在“富口袋”前面，通过提高村民能力素质，增强自身“造血”功能，实现"励志扶贫"。乐山市金口河区某镇某村把有劳动能力的低保户纳入扶贫开发，通过开展种养殖技术培训让贫困户脱贫。在乐山沙湾区，通过"村企联姻"、推进电子商务进农村等措施实现真正脱贫。

第二节 医疗救助

案例2－12 大病患者极端案例频发 困难群体救助面临多重困境

（一）案例描述

安徽省某县农民刘某，因无法忍受病痛的折磨将双脚用玻璃片割断；江西省某市患有乳腺癌的农妇陈某，在幼子被查出患非霍奇金淋巴瘤后，为了"要把钱留给孩子治病"，在自家责任田附近的水塘内自尽身亡……62岁的山西某县农民曹某，直挺挺地躺在自家的炕上，表情和身体一样僵硬——从被查出脑瘤到瘫痪在床，六七年间，曹某除了吃点止痛药，没有去医院接受过任何正规治疗。"没钱治"，他微弱地吐出这三个字，就再也不肯说话，眼里一直含着泪。

"小病拖，大病扛，重病等着见阎王"，"住上一次院，三年活白干"……这是我国许多中低收入人群面临大病来袭时的真实写照。"看病难、看病贵"是老百姓不愿面对而又不得不面对的沉重话题。

（案例来源：《瞭望》新闻周刊，http：//www. lw. xinhuanet. com/index. html。）

（二）案例评析

医疗救助是帮助困难群体抵御大病来袭的最后一道防线。民政医疗救助制度在农村、城市相继建立，并随着新一轮医改的推进，医疗救助和医保制度相结合，除直接进行资金救助外，还资助困难群众参保参合，使重特大疾病救助力度进一步加大，在大病保障中的"兜底"作用更加凸显。

从案例情况看，农村困难家庭主要是因病致贫。虽然在各级政府、组织和社会热心人士帮助下有所改善。但由于贫困地区优质医疗资源紧缺、医疗费用高昂、基本医疗保险和救助力度有限，仍然存在无法解决的现象。这些问题主要是：一是救助金增长速度缓慢。二是医疗救助的比例低下。三是困难群体大病保障各层面衔接存在障碍。因此，健全大病救助机制迫在眉睫。

（1）从制度上完善筹资机制，主要是调整个人和政府负担比例，适度增加个人缴费。

（2）政府在不断增加基本医保投入的同时，新增财力重点向大病保障倾斜。通过基本医保基金和公共财政投入为主的筹资方式，重点提高大病医保的实际报销比例，适度上调大病医保的封顶线。

（3）发挥社会力量在医疗救助中的作用。调动社会力量是救助积极性，是完善多层次、立体的大病保障体系的重要措施。因此，健全慈善组织与社会保障之间信息衔接平台、有效沟通机制，一是需要做好基本医疗保险和国家医疗救助、慈善组织医疗救助的衔接，建立并逐步建立医疗救治、基本医疗保险报销、国家医疗救助、慈善组织救助的报销和救助流程；二是在慈善组织之间、慈善组织与政府部门之间建立一种信息平台，使不同的慈善组织之间能够共享患者求助和救助信息，避免重复救助。三是通过政府信息系统，慈善组织也能更加高效、科学地寻找合适的救助者，为慈善医疗救助工作降低搜寻成本。

案例 2-13 对重特大疾病患者提供特殊病种专项医疗救助

（一）案例描述

2016 年江苏省某县村民唐某通过媒体反映，儿子小唐患急性淋巴细胞白血病，经治疗 3 年多后，病情得到控制，因病情复发，需尽快进行骨髓移植。骨髓移植手术需大量资金，夫妻俩为小孩治病辗转建湖、南京、苏州等地，无法外出打工，请求有关部门给予资助。县民政局得知小唐的情况后，当即组织专人到该户调查核实具体情况，并牵头召开教育、卫计、红十字会相关负责同志会议，专题商讨对小唐的救助措施。经磋商，为解决小唐治病前期费用，民政部门从慈善基金中安排救助金 1 万元，教育部门从教育红十字会救助金中安排 2 万元，县红十字会从“博爱救助金”中安排 1 万元，“雨尧”爱心基金捐助 1 万元，共计 5 万元；卫生部门也决定按照城乡居民医疗保险制度，在一定范围内提前预支补偿金，缓解了小唐前期治疗资金的困难。

（案例来源：http：//www. jianhu. gov. cn/col/cob/index. html。）

（二）案例评析

医疗救助是指国家和社会针对那些因为贫困而没有经济能力进行治病的公民实施专门的帮助和支持。通常是在政府有关部门的主导下，社会广泛参与，通过医疗机构针对贫困人口的患病者实施的恢复其健康、维持其基本生存能力的救治行为。农村医疗救助是指对没有参加以及没有能力参加城乡居民医疗保险的，或者参加城乡居民医疗保险后无力承担自己支付的部分的农村困难居民进行帮助的一种社会救助。

农村医疗救助具体可以分为门诊医疗救助和住院医疗救助。有些又根据救助对象类别，实行分类救助。江苏省某县根据《关于进一步完善城乡医疗救助制度的意见》，对案例中的家庭，在享受合作医疗待遇后后仍存在个人负担医疗费用过高、影响家庭基本生活的，再给予适当的医疗救助。

农村医疗救助基金主要通过各级财政拨款和社会各界自愿捐助等多渠道筹集。因此，应全面建立重特大疾病医疗救助制度，合理确定救助标准，最大限度减轻困难群众医疗支出负担；加强信息化管理系统建设，实现求助便捷、救助及时和“一站式”即时结算，提高医疗救助管理服务水平；强化部门协作，鼓励社会参与，形成医疗救助工作合力。

案例 2－14　重大疾病请求医疗救助的问题

（一）案例描述

某地区 12 岁的小学生向某于 2006 年被确诊患有先天性心脏病，需要手术，手术费用最低得 10 万元。向某患病后，他所在的兴隆小学全体师生为其捐款 10053 元，建始景阳镇政府机关干部也为其捐款 11000 元，还有很多社会上的好心人也纷纷伸出援手，已筹集医疗费用 5.7 万元，但仍差 5 万多元。向某病情已开始加重，家里也债台高筑，筹集医疗费用十分困难。与向某一样，全国很多重病患者因无力筹集医疗费而挣扎在生死边缘，因患病需要的巨额费用已将家庭压垮，如果没有社会各界伸手相助的话，只有等待死神的降临。

某县居民刘某于 2007 年确诊患上尿毒症，在社会各界的帮助下，于 2009 年 5 月在浙江宁波成功换肾，术后需终生服药。刘某换肾仅手术费用就用去 22 万元，现每月需服用抗排异药物和进行检查，所需费用 12000 多元，负债近 20 万元，且每月的药费难以为继。刘某夫妻都是普通职工，两人每月的工资不到 3000 元，巨额的医疗费用让家庭陷入了绝境。

虽然部分特殊的病人通过社会救助解决了就医难，但社会上需要得到救助的人很多很多，目前社会救助的只是很少的一部分，要帮助更多需要救助的人，这就需要把个人的爱心串起来，形成一种救助机制，产生社会合力，对大病救助才有真正的意义。

（案例来源：恩施晚报，http：//www.enshi.cn/20110223/ca206616.html。）

（二）案例评析

大病保障水平是衡量一个国家医疗保障水平的重要标志。随着全民医保体系的健全，我国看病难、看病贵的问题得到一定程度的缓解。医疗救助是社会救助的重要内容之一，在社会医疗保障体系中起“托底线、救急难”作用。但大病医疗救助制度中存在报销比例低下、报销范围偏窄等问题。因此，保障公民的健康权，必须从大病医疗入手，才能真正实现病有所医、病有所保①。

我国大病医疗救助自开展以来，取得了一定的成效。据民政部统计，全国有 14 个

---

① 龙玉其．社会保障案例评析［M］．北京：经济管理出版社，2016.

省从2012年开展重特大疾病医疗救助的试点工作，截至2014年，全国共实施医疗救助1.02亿人次，支出资金254亿元，资助困难群众参加基本医疗保险、门诊救助、住院救助的水平分别达到80元、144元、1723元，重点救助对象年救助限额内，住院自付费用的救助比例普遍达到60%。而这一报销比例将在2014年有大幅度提高，不低于70%①。但是，大病医疗救助制度中的比例报销制、事后报销制、覆盖范围有限等因素，都削减了大病医疗救助制度的实际效果。

《中华人民共和国宪法》规定："中华人民共和国公民在年老、疾病或者丧失劳动能力的情况下，有从国家和社会获得物质帮助的权利。国家发展为公民享受这些权利所需要的社会保险、社会救济和医疗卫生事业。"同时，《中华人民共和国民法通则》规定"公民享有生命健康权"。因此，按照这些规章制度完善大病医疗救助制度，提高大病保障水平。

1. 根据救助人的实际需要，按照量入为出原则制订补偿方案。当前，我国大病医疗救助的报销主演实施比例报销制，即根据患者的疾病诊断书和医疗费用收据复印件等书面材料以及个人负担的医疗费用数额，按一定比例给予救助。根据负担的医疗费用数额按照一定比例报销，而未参考依据家庭经济困难的程度和大病诊疗费用中的实际花费，这属于大病医疗救助中的平均主义，在一定程度上导致大病救助目标与初衷的偏离。

2. 大病医疗救助要把握灵活性原则。现行大病医疗救助实行事后报销的制度，这导致少数大病患者无法及时得到医疗救治。对家庭极度贫寒、家庭十分困难无法拿出资金的，可以在调查核实后事先给予大病救助，事后再根据实际情况实施大病救助报销的相关程序。

总之，医疗救助的作用除了解决困难群众"看病贵、看病难"的问题，还有防止普通群众因病致贫、因病返贫的功能。因此，拓宽大病医疗救助范围、提高大病医疗救助报销比例等，免除每一个生命的医疗后顾之忧，才能真正为每个生命"急救兜底"。

案例2－15　慈善医疗救助

（一）案例描述

"微笑列车""中华健康快车""母亲健康快车"等众多的公益慈善医疗援助项目在贵州省都开展得很好，效果显著，很多病患都得到了有效的帮助。

由中华慈善总会、美国"微笑列车"基金会和贵州省慈善总会共同开发的"微笑列车"项目，是旨在帮助我国贫困的唇腭裂患者解除痛苦的大型慈善医疗救助行动。自2001年实施"微笑列车"项目以来，到2013年年底，已累计为12000余名贫困裂唇腭

① 新华社．大病救助报销比例达96%［EB/OL］．新华日报，2015年5月22日，http：//xh.xhby.net/newxh/html/2015－05/22/content_1254808.htm.

患者实施了康复手术。

“中华健康快车”是由中国香港和内地各界同胞捐助，中国唯一流动的、专门从事慈善医疗活动的眼科火车医院，主要为内地老少边穷地区生活困难的白内障患者免费实施复明手术。贵州是我国白内障患病高发地区，“中华健康快车”因此多次驶入贵州省。据统计，1999～2010年，健康快车已先后9次到贵州，为贵州省近万名贫困患者免费实施了复明手术，给他们送来了光明。

“母亲健康快车”项目是由全国妇联、中国妇女发展基金会组织实施的大型公益项目，旨在免费对贫困妇女儿童进行健康普查、免费发放募捐药品、开展健康咨询和义诊等。该项目自2003年在贵州省启动实施以来，共接收“母亲健康快车”118辆，分别分布在贵州省118家省、市（州）、县级医疗单位，使贵州省850万名农村妇女儿童受益。2014年“母亲健康快车”又在贵阳启动，贵阳德昌祥药业有限公司向全国妇联、中国妇女发展基金捐赠了价值5000万元的药品和物资，更多妇女将会受益。

贵州省慈善总会医疗援助中心2009年在贵州省开展了“慈善助医济困医疗救助工程”，设立慈善医疗援助定点医院，邀请医疗专家对基层医疗卫生机构开展医疗技术培训和医疗设备捐赠等助医活动。先后有多家国内外医疗器械生产企业通过医疗援助中心向贵州省100多家基层卫生机构提供价值近6400多万元的医疗设备，与热心慈善公益事业的45家医院签订了慈善定点医疗协议，使贵州省部分基层医疗机构得到快速发展。据统计，目前慈善定点医院开展的慈善助医活动已让10000多名困难群众得到减免费用治疗，免费金额近900万元。据悉，由神华公益基金会捐赠100万元启动的“神华－爱心行动”贵州先心病救助项目，使贵州省贫困家庭中14岁以下患有先心病的儿童的治疗得到资助；由中华慈善总会、瑞士诺华公司和省慈善总会合作开展的“格列卫”慈善援助项目，让贵州省众多慢性粒细胞白血病患者和恶性胃肠道间质肿瘤的患者获得“格列卫”药品免费援助。

2014年5月，首届贵州省慈善项目推介会在贵阳举行，现场推介的助医慈善项目就有近10个，涵盖了大病救助、应急救助、慈善医院建设等内容。

（案例来源：贵州日报，http：//www.chinaguizou.gov.cn/systmem/2014/09/03/013774942.shhtml。）

（二）案例评析

慈善医疗救助属于慈善事业的一部分，它是指社会通过各种慈善行为对患病或者遭受意外伤害而又无经济能力进行治疗的贫困人群实施帮助和经济支出的一种制度。可以说，慈善医疗救助是社会救助体系的重要组成部分，是推进医疗救助多元化治理的必然趋势。2004年中国共产党十六届四中全会决议首次明确慈善事业是社会保障体系的重要组成部分，提出“健全社会保险、社会救助、社会福利和慈善事业相衔接的社会保障体系”；2007年中国共产党十七大报告指出“慈善事业是加快完善社会保障体系的补充”；2012年中国共产党十八大报告提出在推进城乡社会保障体系建设中要强调支持发展慈善事业；2013 年民政部出台《关于加强医疗救助与慈善事业衔接的指导意见》提出要建立医疗救助与慈善事业的衔接机制，鼓励慈善组织开展补缺型和补充型医疗救助。2015 年，民政部、财政部、人力资源社会保障部、卫生计生委、保监会五部委联合下发《关于进一步完善医疗救助制度全面开展重特大疾病医疗救助工作的意见》，重特大疾病医疗救助全面铺开。这标志着我国初步形成基本医疗保险 + 大病保险 + 医疗救助（含重特大疾病医疗救助）+ 慈善救助的全覆盖、多层次、立体化的医疗保障体系。2016 年 6 月，国家卫生健康委员会（原国家卫生计生委）印发《关于实施健康扶贫工程的指导意见》，其中明确指出："充分动员社会力量。引导支持慈善组织、企事业单位和爱心人士等为患大病的贫困人口提供慈善救助。"同时，《中华人民共和国慈善法》的出台，更是为社会力量参与医疗救助完善了法律、政策框架。

在政府的引导与支持下，我国慈善医疗救助事业发展势头良好，突出表现在参与医疗救助的慈善组织数量日益增多、慈善医疗救助能力大幅度提高、慈善医疗救助实现路径日益多样化、慈善医疗救助类型日益多样化[①]。在慈善医疗救助实现路径上，慈善组织或设置专门的慈善医疗救助基金（项目），或者与企业、健康服务机构开展医疗救助项目，企业则通过建立公益基金会开展医疗救助，公立医院则利用自身优势，通过慈善义诊、建立医疗慈善救助基金参与医疗救助。慈善医疗救助主要面向收入困难人群、特殊人群、特殊疾病患者，开展物质救助、费用救助或者综合性救助。慈善医疗救助的快速发展，为重大疾病患者又提供了一份保障。对于每个具体家庭来说，重大疾病就医永远是家庭的大事、难事。慈善救助，因其社会化、差异化、多元化的特点，是解决问题的重要帮手。但相对于我国慈善事业的发展速度来看，慈善医疗救助还处于发展的初期阶段，并面临着一些难点。一是慈善医疗救助组织资金筹措困难。组织管理能力不高、信息披露不足等自身发展问题影响了医疗救助效果。慈善组织发展的核心问题在于组织的公信力、筹资能力和管理能力。少数捐赠方"诺而不捐"的捐赠秀、多数慈善组织信息公开制度不完善，影响了整个慈善事业的公信力，制约了慈善事业的发展。二是慈善医疗救助与社会医疗救助衔接不畅，重复救助等现象时有发生。慈善医疗组织多为独立开展救助工作。在信息不对称的情况下，容易导致一人同时获得几个基金或者组织的救助项目。因此，要想充分发挥慈善医疗组织在医疗救助领域的作用，就必须加强慈善组织自身的建设，推动慈善医疗组织与社会医疗救助的衔接；完善信息公开制度，通过微信公开、网络公开、新闻媒体公开和专项监督检查等多种形式进行信息披露和公开，并引用第三方机构对每年的财务状况进行审计，保证自身财务状况良好运行，从而提高慈善医疗救助的能力和水平。

① 孙菊，甘银艳．慈善医疗救助发展的现状、问题与对策［J］．社会保障研究，2015（2），69－75.

案例 2 – 16　儿童大病医疗救助问题

（一）案例描述

2012 年 3 月 17 日下午，一场关于探讨儿童大病救助机制的多方对话论坛在某报业传媒集团会议厅举行。来自政府、媒体、医院、保险及民间公益等领域的人士就当下儿童大病救助的现状、困局、各方的责任及可能的合作模式展开探讨。论坛基本达成儿童大病救助要以国家保障体系为基础，政府、企业、公益组织和公民多方合作的共识。

在目前的医疗和医保制度下，重症儿童不仅面临治疗时间长、护理工作量大、治愈概率不确定性、治愈后风险高等难题，光是筹集医药费这一点，对普通家庭而言已属十分艰难。

广州市某特殊儿童家长互助中心理负责人的儿子因骨癌去世，她从此走上重症儿童救助及家长互助之路。负责人在现场简单地算了一笔账：广州市每年新增癌症儿童大约 300 名，其中一半左右患的是白血病，白血病中又有近八成是急性淋巴白血病，按照急性淋巴白血病的标准治疗方案，基本费用大约是 10 万元。不同的治疗方案花费额度不一。救助广州市每年新增的癌症儿童，所需基本医疗费用约 3000 万元。

微基金发起人说，自己经常在微博收到大病儿童家长的求助信，但他不可能帮得了每个人。面对来自民间的这一紧迫诉求，在场的广东省民政厅负责人回应，政府近年来也在开展工作，推动社会福利体系建设，支持慈善事业发展。“大病医疗是社会保障的问题，国家有能力解决公民治病的问题了。”

（案例来源：《南方日报》，http：//www. epaper. southcn. com/nfdaily/html2012/03/20/content_7068156. html。）

（二）案例评析

经过媒体报道的重大疾病儿童大多获得了政府、慈善组织和好心人的捐款支持，但能够获得媒体报道的重大疾病儿童又能有多少呢？无数个重病儿童、无数个重病儿童家庭因为无法支付高昂的医疗费用而无奈放弃积极的治疗。

中国首次《中国儿童慈善需求研究报告（2012 年）》调查结论显示，贫困地区儿童罹患重疾死亡率高达 54%，全国因疾病死亡的农村儿童 50. 5% 未得到治疗或仅在门诊治疗。重大疾病儿童的悲惨境遇无不不暴露出中国儿童医疗救助体系的缺失。2013 年，国务院颁布的《中国儿童发展纲要（2011 ~ 2020 年）》，提出要提高儿童医疗救助水平，为孤儿、贫困和大病儿童提供医疗救助。与此同时，政府“抓紧把大病医保”纳入全民医保，大病医保试点实践自 2012 年开始加快。一系列相关政策的出台标志着政府开始关注儿童大病救助，为重病儿童及家庭送去了希望。

从案例描述中可知，虽然我国针对儿童大病的医疗费用，建立三层保险制度（基本医疗保险、大病保险、商业保险），但仍面临着资金缺口。面对庞大的救助需求，社会慈善组织发起了救助。社会慈善组织一般采取事后救助方式，而且慈善资源在不同疾病种类间的分配也不均衡。解决重病儿童及家庭面临的问题，就需要坚持政府提供和社会参与两条腿走路：政府旨在提供制度化的儿童医疗保障，社会参与旨在动员社会力量参与到重病儿童的救治中来。具体做到两个方面：

1. 要尽快建立完善儿童医疗保障制度

儿童医疗保障制度是现行社会保障制度的补充。建议由国家卫生健康委员会、人力资源和社会保障部牵头研究制定儿童基本医疗保障制度，建立完善儿童医疗救助机制。要完善基本医疗保险制度，增加政府医疗保障的资金投入，加强各项医疗保障制度之间的衔接，重点加大对重病、重残儿童的救助力度，优先提高儿童重大疾病的报销比例和封顶线，优先将儿童慢性病和儿童类所需大额门诊费用的重大疾病纳入特殊病种大额门诊统筹，通过制度保障为重病儿童提供最切实的医疗保障。

2. 要高度重视民间慈善力量

慈善组织参与儿童大病救助，工作方法灵活多样，正日渐成为我国儿童大病医疗救助中不可或缺的一部分。《中国儿童大病医疗保障与社会救助分析》报告显示，2013年，全国90多家慈善组织共开展将近150个儿童大病救助项目，对10多万各类重大疾病患儿进行了专业有效的救助，弥补了部分疾病尚未被国家政策覆盖的不足。因此，政府要高度重视民间慈善力量，创造政府与公益组织的合作平台与信息共享机制，使政府与社会救助实现无缝对接，采取政府向社会组织购买服务，建构儿童医疗救助制度的多元化运作体系。慈善公益组织之间要达成共识，形成规范，协作沟通，最终实现政府、基金会、慈善组织、医疗机构之间的横纵联合。要借助新媒体公益平台，通过微博、微信等方式的转发和评论引发公众关注，倡导大家奉献爱心。

儿童大病救助体系，不仅需要国家提供制度化的儿童大病保障，更需要全社会的共同参与。只有广泛动员社会力量，建立融合政府、公益组织和社会力量在内的儿童大病救助平台，整合儿童大病信息和救助资源，提供政策支持和财政扶持，才能使每个重病儿童托起明天的希望。

案例2－17　城乡统一的大病医疗救助问题

（一）案例描述

2014年11月，青岛某村孙某的母亲在体检中意外查出肺部有阴影，医生确诊是非小细胞肺癌中晚期。对这种病有特效功能的药就是凯美纳。此药贵并且2014年未纳入新农合医疗保险药品目录中，属于自费药品。

青岛市自2012年7月起建立了城镇大病医疗救助制度，经过两年多实践探索，从2014年1月1日起建立了城乡大病医疗救助制度，将近430万原新农合人员也纳入了保障范围。青岛市大病医疗救助政策由市、区两级财政出资。主要包括两个方面：一是特药特材救助，特药特材是指医保“三个目录”外，重大疾病治疗必需、疗效显著、费用较高且难以使用其他治疗方案替代的药品或者医用材料，特药特材救助不设起付线和最高支付限额，报销比例为70%。二是大额救助，个人负担的医保统筹范围外医疗费，一个年度内超过5万元部分，按照规定报销60%，年度最高支付10万元。在此基础上，青岛市构建了“基本医疗保险+大病医疗保险+大病医疗救助”的多层次医疗保障体系，参保职工年最高保障额度可达90万元以上，参保居民年最高保障额度可达88万元以上，对于缓解城乡群众因病致贫、因病返贫情况发挥了积极作用。

（案例来源：龙玉其. 社会保障案例评析［M］. 北京：经济管理出版社，2016.）

（二）案例评析

从案例中可知，新型社会救助体系中，城乡医疗救助制度在缓解城乡困难居民看病难题上发挥了巨大的作用，也因此越来越受到重视和关注。城乡医疗救助制度是指通过政府拨款和社会捐助等多渠道筹资建立基金，对患大病的农村五保户和贫困农民家庭、城市居民最低生活保障对象中未参加城镇职工基本医疗保险人员、已参加城镇职工基本医疗保险但个人负担仍然较重的人员以及其他特殊困难群众给予医疗费用补助的救助制度。

我国医疗救助制度，首先是在农村建立的。2003年，民政部、卫生部、财政部三部门联合下发《关于实施农村医疗救助的意见》，提出了建立农村医疗救助制度的具体实施意见，初步设计了基本制度框架，这在我国历史上是第一个专门为解决农民医疗救助问题而出台的行政规章。2005年，国务院办公厅转发民政部等部门《关于建立城市医疗救助制度试点工作意见的通知》。同年，《关于加强城市医疗救助基金管理的意见》《关于加快推进农村医疗救助工作的通知》等政策性文件相继出台。2008年底，城市医疗救助工作取得突破性进展，我国所有县都建立了医疗救助制度。2015年4月30日，国务院办公厅转发民政部等部门《关于进一步完善医疗救助制度全面开展重特大疾病医疗救助工作的意见》，强调“各地要在2015年前，将城市医疗救助制度和农村医疗救助制度整合成为城乡医疗救助制度”。

从运行的城乡医疗救助模式看，主要是规避“高风险”和做好“相结合”两个方面。在规避“高风险”方面，救助模式都侧重救助低保户、五保户、特困户中的重、特大病患者，有力地避免了这类困难人群“因病致贫”的风险。[①] 但现行的城乡医疗救助制度，存在损害医疗服务的公平性和建设不规范现象。因此，必须完善我国城乡医疗救助制度，一是加大政府财政投入，拓宽资金筹集渠道。政府要制度化医疗救助资金的投入力度，确立政府在医疗救助工作中的主导地位与责任。要保证医疗救助资金专款专用，提高救助资金的使用效率。要鼓励社会力量参与其中，挖掘慈善组织的医疗救助资

① 周晴.《城乡医疗救助发展现状及对策研究》［J］. 法制与社会，2011. 11.

源。二是健全医疗救助管理体制，完善医疗救助政策的实施与管理，并与其他部分合力做好医疗救助工作。三是健全相关法律法规，推进医疗救助行为的制度化和规范化。要精准地建立明确救助对象、救助方式、救助标准、救助主体及救助程序、资金来源渠道等相关实施细则，明确医疗救助受益者的权利义务，依法惩处违法违规行为，保障医疗救助制度的健康运行。

第三章 社会福利案例

第一节 养老福利

案例3－1 积分养老问题

（一）案例描述

河南省新乡市现有76万老年人口，百岁及以上老年人304人，随着人口老龄化的快速发展，新乡市家庭结构、老年群体状况及城乡老年人口分布将呈现许多变化，人口老龄化形势更加严峻，呈现出增长速度快、高龄化显著、农村老龄问题突出等特点，老龄工作任务十分艰巨。老年人的养老问题涉及社会、生活、康复、娱乐、教育等方方面面，如何满足庞大的老年人群体多元化的养老服务需求，越来越成为各级政府和社会关注的重要议题。近年来，新乡市紧紧依靠政府主导，找准支点、创新机制、凝聚合力、以点带面、政策保障，以“12349”居家养老网络服务中心为平台，以“积分养老”为主线，整合社会沉淀的为老服务资源，最大限度地用有限的资金撬起庞大的养老服务市场，提升养老服务质量，减轻政府、社会及老年人家庭压力，实现了“养老服务多元化、老年养老少花钱、政府社会减负担、企业以量促发展”的可持续发展局面。

2014年，为应对日益严峻的人口老龄化压力，满足广大老年人居家社区养老服务需求，新乡市在广泛调研、多方磋商的基础上，把养老服务作为一个系统工程，创意发起了一种全新的“积分养老”模式，依托“12349”服务平台，通过与涉及养老服务和消费的医院、超市、银行、通信单位磋商，从资源整合入手，构建了以积分为纽带的养老服务异业联盟。该模式使老年人通过“赚积分”“花积分”来轻松达到省钱、省心、共享福利的目的。

（案例来源：中国养老网，www. cnsf99. com。）

（二）案例评析

积分养老机制凝聚社会各行各业的优势资源，在敬老助老社会氛围中，推进企业实现无偿或低偿奉献与资源互补、利益共享相融合的新型共赢纽带，实施行业资源整合与构建异业联盟。

积分养老从起初的“银行存款”渠道发展到今天的多渠道积分形式，使众多老人储备了足额养老积分，许多老人子女看到积分对老人带来的实惠，纷纷主动通过不同方式为老爸老妈储备幸福。截至 2017 年 4 月，新乡市累计储备养老积分 1.1 亿分，已累计消费积分总额 9400 余万分，拉动市场消费 3.2 亿元。全市异业联盟服务网点平均日开展为老服务达 800 余人次，日均消费积分达 1.2 万余分。“12349”呼叫中心平均日接话量由开通之初的 50 余次增加到现在的 300 余次，已成为名副其实的“老人生活的好帮手”。

积分养老呈现两个显著特点：一是老人拥有积分实现零成本、不需花费一分钱，就可享受到政府给予的储备积分待遇；二是将激励机制引入积分养老机制，使老年人通过激励从单调地打发日子向积极主动的快乐养老转变，提升了老年人物质文化生活质量。

积分养老不仅为“智慧养老”增添了新的内涵，为联盟企业增加了新的效益，为激活市场提供了新的契机，解决了支撑社会养老服务常态化的难题，更重要的是通过创新整合了资源，惠及了百姓，求得了发展，营造了敬老氛围，树立了政府形象，促进了养老服务业发展，提升了“敬老文化”品牌，有效分担或减轻了政府、社会及个人社会养老负担。

案例 3－2 运用建设—运营—移交方法优化养老服务供给结构的问题

（一）案例描述

江苏省无锡扬子颐养中心（简称“中心”），即无锡市社会福利中心二期工程，是在该市社会福利中心土地上兴建的一座多功能、高标准、医养一体化的 BOT（建设—运营—移交）模式养老机构。中心位于无锡市社会福利中心东南侧，总面积约 20983 平方米，设有单人间、标准间、多人间、公寓房及专业护理房间，共计床位 550 余张，便于老人按需入住。

中心正式投入运营半年左右，已入住老人近 150 人，入住率达到 30%；采用医养一体化的先进养老模式，内有棋牌室、书画室、电子阅览室、多功能厅、儿童乐园、评弹室等；另设立大型老年护理院，内有护理、临床、康复、理疗、体检、中医养生六大中心，配备专业营养师，安排健康膳食，提供预约点餐服务，满足老人多样化需求。中心重视老人医疗保健及文体娱乐的设施建设，积极开辟各种形式的娱乐活动场所，激发老人的活动兴趣。同时，为老年人提供安静适宜的居住环境，实现花园式环境、家庭式供养、宾馆式服务。

无锡市社会福利中心率先启动了养老院二期 BOT 建设项目，由政府无偿提供土地，提供优惠政策，民间资本投资建造，项目经营权归投资者，若干年后做整体移交。扬子颐养中心项目的启动，探索了一条政府利用社会资本投资养老事业和产业的发展道路，开创了一个政府办养老机构可信度与民营资本先进性互补的养老模式，形成了多层次养老需求的服务格局。项目从老年人的根本利益出发，通过建立集中的养老场所，重点解决养老医疗和精神文化生活等方面的问题，确保老年人和其他社会成员一起共享经济社会发展成果，做到"上为党和政府分忧，下为人民群众解愁"，作为保障无锡市社会福利基础设施功能的重要项目，社会效益显著。

（案例来源：中国养老网，www. cnsf99. com。）

（二）案例评析

案例中的无锡扬子颐养中心 BOT 模式是养老运营模式中运用融资模式创新的典型。

近年来党中央、国务院十分重视社会福利事业建设，国家先后出台了一系列有关政策法规，鼓励支持社会力量兴办慈善福利机构，尤其在《中共中央关于制定国民经济和社会发展第十一个五年规划的建议》中，将发展慈善事业列入国民经济和社会发展的总体规划中，加大对慈善事业的支持力度，在实现小康目标、落实科学发展观、构建社会主义和谐社会的进程中，调节贫富差距和社会矛盾，促进社会主义物质文明、政治文明、精神文明建设；提出要支持有条件的医疗机构参与养老机构建设，为老年人提供护理、康复、保健等服务，支持在养老机构内设置医疗机构，对符合条件的要纳入城乡居民医疗保险定点范围。

城乡居民医疗保险定点范围，鼓励发展医疗和养老有机结合的高档的新型医养一体化养老产品。无锡市社会福利中心二期 BOT 项目的建设符合国家有关政策，是社会福利事业发展的必然趋势。无锡扬子颐养中心 BOT 模式具有以下几个特征：

（1）家庭分散式养老方式将向集中养老方式发展。无锡市以"老有所养、老有所依、老有所乐、老有所学、弱有所扶"为目标，给老年人提供优质的医疗养老护理服务，在居住社区内建设了养老院。

（2）养老服务供给结构优化。无锡扬子颐养中心通过政府与民营机构签订合同，形成 BOT 项目，并且作为载体形成长期合作关系。公共管理部门为民营机构提供优惠政策，民营机构负责资金投入与技术创新管理，在项目建设过程中形成共有产权，针对养老机构具体情况满足多种需求。

这一模式优化了养老机构服务供给结构。养老机构在引进 BOT 模式过程中需要提升资金投入，引进专业人才，提高服务专业化。经济效益驱使民营机构能够从老人多层次需求出发，进行服务创新，为不同阶层的人群提供更为优质的养老护理服务，解决床位不足和床位闲置的矛盾，满足老人医养融合的需求，在一定程度上为缓解老龄化问题提供了重要的借鉴经验，推动养老机构社会效益最大化。

案例3－3 以政府与社会资本合作模式破解居家养老难题

（一）案例描述

江西章贡区是赣州市中心城区，现辖5个镇、4个街道办事处。截至2016年底，总人口49.5万人，其中60岁及以上老人约9.33万人，占总人口的18.85%，且老年人口数量每年以5%～6%的速度递增，人口老龄化程度居全市之首。为应对不断加快的老龄化步伐和群众日益增长的养老服务需求，章贡区紧紧抓住赣南苏区振兴发展重大机遇，将养老产业列入全区六大攻坚战项目之一，创新思路，大胆开拓，扎实推进，打开了养老事业发展的新局面。

2015年，章贡区通过政府与社会资本合作的PPP模式，选取社会资本投资建设和运营管理全区72个居家养老服务中心网点，为60岁及以上老年人提供居家养老服务。本项目定位为准经营性的政府与社会资本合作项目，是江西省首个居家养老PPP项目，也是国家开发银行重点支持、全国试点的社区居家养老项目，被列入江西省2015年第一批政府与社会资本合作项目，2015年9月入选财政部第二批PPP示范项目。该项目总建筑面积5.05万平方米，其中新建服务中心网点10个，改扩建服务中心网点62个，总投资1.6亿元，项目特许经营期为15年；旨在建立以项目公司为主体、社区（村）居家养老服务中心网点为纽带、满足老年人各种服务需求的信息化和智能化居家养老服务网络。

通过该项目的实施，章贡区已初步形成了一个广范围、多功能的社区养老服务网络。每个社区居家养老服务中心均设有老年活动室、医疗康复室、阅览室、日间照料室、医疗室、理发室、棋牌室、社区食堂、老年大学等功能区，提供了“助餐、助浴、助洁、助聊、助安、助急、助行、助医、助乐、助学”十助服务，日均接待、照料老人500人次，日均助餐600人次；家政服务累计1000人次，健康理疗服务累计1298人次，组织社区老人休闲旅游累计90批（次）。同时，各个社区居家养老服务中心均成立了老年协会和兴趣小组，每周举办唱歌、排练舞蹈、乐器练习等团队活动达到30余次，受到老人及社会各界的一致好评。

（案例来源：中国养老网，www.cnsf99.com。）

（二）案例评析

为鼓励运用政府和社会资本合作（PPP）模式推进养老服务业供给侧结构性改革，加快养老服务业培育与发展，形成多层次、多渠道、多样化的养老服务市场，推动老龄事业发展，财政部、民政部、人力资源社会保障部共同发布了《关于运用政府和社会资本合作模式支持养老服务业发展的实施意见》（以下简称《意见》）。该《意见》指出，要重点引导和鼓励社会资本通过PPP模式，立足保障型基本养老服务和改善型中端养老服务，参与养老机构、社区养老体系建设、医养健融合发展的养老服务供给。因此，该项目通过政府与社会资本方的协作，以 PPP 模式推动养老产业发展，在养老机构的建设尤其在融资方面无疑是解决养老机构数量不足、发展缓慢的一个可取之法，同时也具备数据化管理的科学运营方式及服务全面等优点，有效解决了当前养老产业中面临的“资金、服务”两大难题。

PPP 模式使养老机构通过自有资金、社会资本融资以及政府补贴三个渠道获得资金以实施项目，回报方式有使用者付费、政府付费和可行性缺口补助三种方式。一是使用者付费。居家养老服务中心提供的日常生活照料、精神慰藉服务和家政等有偿服务，实行使用者付费。二是政府付费。将用于购买本项目服务的政府付费纳入政府财政预算，主要包括：固定补助，主要用于居家养老服务中心日常运行管理；民生补贴，主要用于对年满 60 周岁“三无”老人、低保老人、中度以上失能老人等特定对象购买特定养老服务以及会员老人爱心慰问服务；可行性缺口补助。按照风险分配机制，对项目风险超过上限的，启动补贴或调节、调价机制，由政府给予项目公司一定的经济补助，以弥补使用者付费之外的缺口。通过政府与社会资本合作的方式，能够实现风险的分担，实现养老支持性政策的突破，保障社会投资者的基本收益水平，实现可持续发展。

案例 3－4　养老公寓运用政府和社会资本合作模式

（一）案例描述

北京朝阳区恭和养老公寓是朝阳区第二社会福利中心通过采用 PPP 模式，引入社会资本进行运营的养老项目，是北京市第一个采用 PPP 模式运营的养老项目。项目位于朝阳区茂兴西路 7 号，占地面积 5600 平方米，总建筑面积 20881 平方米，设计养老床位 469 张（失能区 240 张，高龄区 229 张），其中政府保障床位 94 张（主要面向保障城市“三无”老人，农村五保户、低保户高龄老人，失独老人），按照养老居住设计规范配有生活医疗保障设施、公共服务设施、室内文娱设施、多功能厅、屋顶花园和院区活动场地等。按照财政部《关于印发政府和社会资本合作模式操作指南（试行）的通知》要求，项目采用 ROT（改造—运营—移交）PPP 方式，将政府投资建设的养老设施委托给专业社会力量进行装修改造、运营管理，创建风险共担、利益共享机制，以达到政府、企业、社会组织、老年人的多赢局面。2017 年 6 月 28 日试运营至今。

（案例来源：中国养老网，www. cnsf99. com。）

（二）案例评析

根据《北京市朝阳区存量养老设施政府与社会资本合作项目操作指南》，由朝阳区民政局采用委托运营方式运营养老机构，不仅减轻财政负担，而且提升服务供给。政府从过去深度参与项目中脱身，由“经营者”变为“监管者”“合作者”，把更多的精力用于发挥宏观调控、统筹协调方面，把更多注意力放到加强监管、确保社会福利最大化上，有利于切实推进政府职能转变。

北京市朝阳区第二社会福利中心 PPP 模式展现了现代金融与养老服务融合发展的不同形式，对推进养老服务业发展改革具有重要意义。

改革创新是破解养老难题的重要途径。机构养老是我国养老服务体系的重要补充，需求量大，但是目前市场上机构少、建设成本大、收费高、服务参差不齐等因素一直制约着机构养老服务的发展。通过采用 PPP 模式创新建设运营模式，可有效发挥公办养老机构的示范引领作用，充分调动社会资本投入养老领域的积极性，为各地区摸索出一套可复制、可推广、可落地的解决养老服务难点的有效模式。

以社会招标方式优选投资主体，通过竞争引入专业化运营机构，对强化养老服务制度顶层设计具有促进作用。案例中北京市朝阳区第二社会福利中心的 PPP 项目实施过程中，建立符合养老服务业运营管理特征的有效竞争机制，以监督评估为基础建立激励约束机制。

总而言之，充分调动社会资本投入养老领域的积极性，对全面提升养老服务质量，满足老年人的不同需求，对增强老年人的获得感、幸福感具有非常重要的意义。

案例 3 – 5　社区“嵌入式”连锁养老机构

（一）案例描述

江西省南昌市“九九颐家”系列养老服务机构是中铁建业养老倾力打造和运营的品牌化连锁养老服务机构，目前，“九九颐家”系列养老服务机构已投入使用的养老床位有 500 余张，在建床位 500 张，是一个拥有医师、护士、生活管家、健康管家、心理咨询师、营养配餐师和社工等 100 余人的综合养老服务团队，现已在江西省南昌市青山湖区等地建设运营了九九颐家养老中心等多家养老服务机构。

2013 年，中铁建业养老通过两年多的参观、学习和调研，发现绝大多数老人在选择养老机构时，更倾向于选择离家近、便于家属和子女探望的机构，且养老问题已成为众多以“421”形态组成的家庭的生活隐忧。在此背景下，中铁建业养老认准方向、明确目标、精准发力，快速建设运营了一系列以“九九颐家”为品牌的小规模、多功能社区“嵌入式”连锁养老服务机构，探索出一条真正适应养老市场需求、养老服务需求、养老行业需求的养老产业发展之路。

2013 年底，中铁建业养老就确立了充分利用社会闲置资源改造养老服务设施的指导思想。通过两年多的调研摸底、考察选址和沟通协商，2015 年，中铁建业养老利用江西省南昌市青山湖区湖坊镇洪都村废弃的村办工厂，分两期改造建设了九九颐家养老中心（即顺化门社区居家养老服务中心）和九九颐家护养中心。上述机构设计床位共计 137 张，分别于 2015 年 12 月和 2017 年 1 月投入运营。截至 2017 年 8 月末，九九颐家养老中心和九九颐家护养中心入住老人共计 126 人，入住率 91. 97%；实际床位使用量 135 张（含包房），实际床位使用率 98. 54%，已实现满员运营。上述机构入住老人多为周边社区的老人，失能、部分失能（失智）老人与自理老人占比为 8∶2。

2015 年底，九九颐家养老中心为突破“医养结合”难以落地的瓶颈，率先通过与南昌市第九医院签订《建立医疗绿色通道协议》的形式，实现了专业医疗机构每周上门为老人巡检和诊疗的常态化健康管理机制，并在专业医疗机构中为入住“中心”的老人建立专属健康档案，实现了“小病不出院、大病直通车”的美好愿景。

2016 年 9 月，九九颐家康养中心“医养结合”项目开工建设，经与江西中医药大学第二附属医院深入探讨、充分沟通，采用中铁建业养老提供医疗用房及医疗硬件投资、江西中医药大学第二附属医院提供医技力量的合作方式，在九九颐家康养中心共同设立了江西中医药大学第二附属医院老年康复分院，开展以康复医疗为主要诊疗科目、以入住老人为主要诊疗对象的康复医疗、老年慢性病及常见病诊疗与医保报销服务工作。

（案例来源：中国养老网，www. cnsf99. com。）

（二）案例评析

2013 年以来，国务院先后颁布了《关于加快发展养老服务业的若干意见》和《关于促进健康服务业发展的若干意见》等文件。尤其在 2015 年《中共中央关于制定国民经济和社会发展第十三个五年规划纲要》中明确提出“推进医疗卫生和养老服务相结合”，在此基础上，国务院出台了《关于推进医疗卫生与养老服务相结合的指导意见》。同时，《全国医疗卫生服务体系规划纲要（2015 ~ 2020 年）》中单列章节强调发展医养结合；《关于推进医疗卫生与养老服务相结合的指导意见》中，强调 2017 年初步建立医养结合的政策体系，2020 年基本建立符合国情的医养结合体制机制和政策法规体系；《国民经济和社会发展第十三个五年规划纲要》中，强调建立以居家为基础、社区为依托、机构为补充的多层次养老服务体系，推动医疗卫生和养老服务相结合；《智慧健康养老产业发展行动计划（2017 ~ 2020）》中，强调医疗、健康、养老资源优化配置，满足多层次、多样化健康养老服务需求。党的十九大报告中明确提出要实现“幼有所育、学有所教、劳有所得、病有所医、老有所养、住有所居、弱有所扶”等民生七有。因此，江西省南昌市九九颐家养老中心精心打造社区“嵌入式”连锁养老机构是贯彻党的十九大报告精神，践行“医养结合”，建立医疗绿色通道。

社区“嵌入式”连锁养老服务机构，不仅助推了养老服务产业发展，也解决了老人“就近养老”的实际需要。同时，充分整合社会闲置资源并从中甄选交通便利、改造可行、布局合理、特色突出的物业，充分解决了老人“就近养老”的实际需求和全面改善了老年人福祉的有效方法。

“九九颐家”养老机构是兼顾了居家养老与机构养老等多功能于一体的养老服务机构，作为养老服务体系“供给侧”改革的新型养老服务模式，积极顺应了国家老龄战略发展的需要。

“九九颐家”率先在南昌市同行业中引入“整合照护”理念，将日常生活照护、心理慰藉照护、身体健康管理、医疗康复护理、养老养生修行等养老服务技法整合为一体，生活、健康、康复理疗、心理咨询和膳食营养等多部门全年无休、24 小时联动服务、协同照护，践行“医养结合”，建立医疗绿色通道。

2015 年 11 月，国务院办公厅转发国家卫生计生委等 9 部委《关于推进医疗卫生与养老服务相结合的指导意见》，首次将“医养结合”上升至国家政策层面，同时也充分体现了医疗卫生与养老服务相结合的重要性。

“九九颐家”成功破解了“医养结合”难以落地的难题，实现了“医养结合”的美好愿景，为区域行业内有效解决“医养结合”的相关问题提供了宝贵的借鉴经验与成功案例。“医养结合”是提升机构养老服务质量的有力保障。众所周知，老年人机体康复与老年慢性病医疗是养老服务构成中不可缺少的服务内容之一。“九九颐家”系列养老机构的典型案例说明，尽管当前“医养结合”发展存在种种困难与不便，但养老机构必须结合自身与当地的实际情况，充分利用和整合医疗卫生资源，积极探索和尝试破解养老服务与医疗卫生融合发展难以落地的难题。

案例 3 -6　打造公建民营养老模式

（一）案例描述

2012 年初，沈阳市政府相关部门通过公开招投标，委托沈阳万佳宜康养老服务有限公司（以下简称万佳宜康）率先通过“公建民营”方式运营大型养老服务机构——沈阳市养老服务中心。

2015 年底，为贯彻落实《十三五国家老龄事业发展和养老服务体系建设规划》以及省、市各级党委政府关于加快发展养老服务业的指示和部署，针对沈阳市 90% 以上的老年人选择社区居家养老的情况，万佳宜康以大型养老机构为支撑，依托自身在管理、服务、技术等各方面的优势，开始在沈阳市范围内大力发展建设社区居家养老服务连锁机构，通过“医养康”养老服务新模式和“3 +1”服务方式，满足全市老年人多层次、多样化、个性化的养老需求。目前，万佳宜康打造的这种“公建民营”养老服务新模式已基本成型，并取得了良好的社会效益和经济效益。

沈阳市养老服务中心总占地面积 23 万平方米，建筑面积 10.6 万平方米，由九栋 9 层住宅楼和一栋 4 层活动中心构成，拥有床位 2300 余张，是全市最大的养老服务机构。

在为社区居家老年人提供“医养康”养老服务的过程中，万佳宜康始终坚持低偿性、公益性的普惠原则，一些专业化养护服务和助老性便民服务如助餐、助医、助浴、助洁、康复护理、中医理疗、老年超市等，均为低偿服务。另外，一些基本公益性服务如助学、助乐、精神慰藉、代缴费用、法律咨询、文体娱乐、老年大学等，均为免费服务。此外，万佳宜康还在社区居家养护中心设立“公益角”，主动为社会各界志愿者提供开展公益活动的平台，志愿者为老人提供各种公益服务，也让老人感受到了来自社会各界的温暖和关怀。

在医疗救助方面，万佳宜康与中国医科大学附属盛京医院、辽宁省金秋医院（辽宁省老年病医院）、辽宁省残疾人康复中心、沈阳红十字会医院（沈阳市老年医院）等多家知名三甲医疗机构开展“医养结合”战略合作，并分别在养老机构内、社区中共建养老门诊、全科基层培训基地、急救通道、康复中心，满足老年人日常诊疗和紧急救护等需求；与省、市两级红十字会合作成立企业基层红会组织，积极引入红十字会在紧急救护、人道救助等方面的先进理念和做法，推动养老工作与红会工作融合发展；与国内健康管理服务行业知名机构东软熙康合作，建设智能化的“健康小屋”，对老人进行健康监控和健康管理。

在康复理疗方面，引进国际先进的智能康复设备，建立水疗和康复中心，除可为健康老人提供刮痧、拔罐、按摩等理疗服务外，还可帮助失能、部分失能老人进行生理和功能性康复训练，帮助有心脑血管后遗症的老人进行康复调理。

在专业化建设方面，为打造高素质的护理团队，万佳宜康通过定期、定向开展国际交流，引进了国际先进的教学理念、介护技术和管理方法；通过开展校企合作，开设养老护理员、养老介护师等专业课程，培养了大批专业人才；通过在沈阳市养老服务中心建立养老护理实操等标准化培训体系，连续开展护理业务技能培训，几年来，已有2000多人次接受护理业务技能培训，养老中心一线员工的护理技能得到了有效提升。

（案例来源：中国养老网，www. cnsf99. com。）

（二）案例评析

随着老龄人口比例的不断提升，养老话题备受关注，如何让老人老有所养，老有所乐成为很多养老机构的探索方向。该养老院采取“公建民营”运营模式，符合新时期社会养老服务的需求，将有效缓解社会、家庭压力，更好地发挥国有资产的使用效率，扩展社会化养老途径，真正实现“老有所养”。

人口老龄化所伴随的健康问题对我国养老和健康体系带来严峻的挑战。为此，为积极应对老龄化和满足健康养老服务需求，自2013年，国务院颁布《关于加快发展养老服务的若干意见》《关于促进健康服务业发展的若干意见》《全国医疗卫生服务体系规划纲要（2015－2020年）》和《关于推进医疗卫生与养老服务相结合的指导意见》《国民经济和社会发展第十三个五年规划纲要》《国家人口发展规划（2016－2030）》《智慧健康养老产业发展行动计划（2017－2020）》等纲领性文件，将医养结合养老服务上升至国家战略层面。

案例中的万佳宜康始终以老人的“幸福”“健康”“安全”为己任，以创新养老服务人才培养模式为先导，坚持“政府主导、社会参与、专业运营”，积极推进“公建民营”养老服务运营模式，构建以社区居家为主体、机构为支撑的养老服务体系。但存在缺乏专业化的管护团队和智能化养老技术和设备以及精准化服务质量和效率低下问题。为此，应加快发展养老服务产业，进一步放宽行业准入门槛，取消养老机构设立许可和养老机构内设诊所、卫生所（室）的行政审批，全面实行备案管理，简化医养结合机构设立流程。同时，建立规划引领机制。编制养老服务设施布局规划，与城镇体系建设规划、土地利用规划有机衔接，纳入城市规划“一张图”管控，为养老设施预留充分发展空间，并制定养老服务体系建设整体规划，把养老设施纳入新建小区和连片商品房开发公建配套范畴，由“图上布点”具体到地面、落实到项目。

案例3-7　“旅居养老”问题

（一）案例描述

“旅居养老”作为新兴的养老模式，如今受到越来越多老年人的青睐。不少老年人加入这种养老旅游两不误的“旅居养老”大军中，有滋有味地颐养天年。

68岁的王某和老伴决定找个暖和的地方去旅游。“以前旅游都是跟着旅行社的夕阳红线路，虽然价格不算贵，但还是感觉节奏有点快、团餐不可口、玩得不过瘾。”不想跟团的老两口在几个“旅游达人”的推荐下，选择以“旅居养老”的方式去海南三亚。据了解，“旅居养老”最早由中国老年学会副秘书长程勇提出，是“候鸟式养老”和“度假式养老”的融合体。与普通旅游的走马观花、行色匆匆不同，选择“旅居养老”的老人一般会在一个地方住上十天半个月甚至数月，慢游细品，以达到既健康养生又开阔视野的目的。和王某夫妇一样，如今很多老年人选择“旅居养老”，要的就是半旅游半生活的慢享节奏。更让老两口开心的是，他们结交了好几个志同道合的朋友，“全国各地的都有，留了电话加了微信，还相约四月份去昆明，夏天去黑龙江”。

和王某夫妇组团旅居不同，已经退休的陈某兄弟俩带着各自的老伴，自助行去了广东珠海过冬。陈某说，他们提前在网上看好了珠海当地的房子，一套不在市中心的三室两厅的房子月租金2500元，自己买菜做饭，伙食费跟在兰州差不多，但是体验完全不一样，珠海冬天的气候适宜，空气清新，满眼绿色，很养人。休闲的生活就是逛逛珠海，去海边散步，吃当地小吃；旅行的生活就是去中山、广州、顺德还有澳门玩了一大圈。春节，俩兄弟的孩子们从全国各地赶到珠海，两家人在珠海过了一个不一样的年。陈某说：“孩子们说我们很潮，我们也是第一次听说这样的生活方式是现在最流行的。”

（案例来源：海峡法治在线，http：//www. hxfzzx. com/2018/0303/54372/html。）

（二）案例评析

养老，既是家庭问题，又是社会问题。目前，我国传统的家庭养老模式，在社会理念与文化思想发生深刻变化的大环境下，已日益凸显出不适应。土地养老、社区养老、互助养老等多种养老模式应运而生，各种针对性的政策与扶持措施也在不断出台不断完善。如今出现的“旅居养老”新风尚，是适应时代发展的一种健康养老方式，需要社会各方发力保驾护航。

“旅居养老”是一种新型养老模式，是“候鸟式养老”和“度假式养老”的融合体。“旅居养老”逐渐成为一种趋势。近年来，随着我国居民人均收入增长较快，活力化老龄人口的消费能力在日益攀升，为我国旅居养老市场提供了巨大的发展空间。特别是对于生活能够自理、经济能力较好的活力化老年人，旅居养老意愿更加强烈。因此，面对我国新养老形式，一是构建旅居养老的社会环境推动优势旅游企业和养老机构实施跨地区、跨行业、跨所有制兼并重组，打造旅游业和养老业跨界融合的产业优势，带来产品创新、技术创新、市场创新、管理创新。二是创新旅居养老服务改革，建立养老用地保障机制。旅居养老具有公益性质，在旅居养老发展过程中，仍需要政府的大力支持。三是创新资金发展保障机制。创新旅居养老产业的融资方式，既要发挥政府的引导作用，也要加大社会资本的引入力度，才能激活旅居养老市场。四是加快旅居养老产业供给侧改革。从提高供给质量出发，不断推进结构调整，合理配置生产要素，扩大有效供给，提高供给结构对需求变化的适应性和灵活性，提高全要素生产率，更好满足广大人民群众的需求。五是营造良好的旅居养老发展环境。2016 年国家旅游局公布了《旅行社老年旅游服务规范》行业标准，大大提升了旅居养老服务行业规范。今后，应进一步出台相关法律，明确旅居养老发展的基本规范，制定促进旅居养老发展的行政法规和地方性法规，构建起全面的旅居养老法律保障体系。

案例 3－8　“空巢老人”的养老问题

（一）案例描述

2014 年 10 月 25 日，在浙江嘉兴的某社区里，一对“空巢”老夫妇被发现双双在家离世。发现他们去世的，是二老在外地工作的儿子——连续三个星期，儿子打不通家里的电话，觉得不对劲，匆忙赶回家中，发现悲剧已无法挽回。丈夫老陈 73 岁，此前身体还算硬朗；妻子 66 岁，约十年前患上老年痴呆。法医鉴定，老陈去世已有 10 天左右，而老伴去世离被发现时才一两天。据相关部分推测，最大的可能是，老陈因触电等意外而亡，而老太太，则因无人照顾，死于脱水和饥饿。

老两口的儿子小陈硕士毕业后在外地一家医疗器械公司上班。虽然上班地区离父母所在的城市很近，但因为工作忙，小陈很少回家。10 月 24 日，小陈给家打电话时因无人接听，就利用周末时间回家看望父母时看到，父亲全身赤裸趴在地上，母亲仰面躺在床上，都已经没了气息。小陈打电话报警。接到报警后，警方迅速赶到现场。警方调查后发现，老陈家的门窗完好，两人身上都没发现暴力性他伤痕迹，一台 iPad 仍然在充电，插头都没拔。另外，躺在床上的老太太身上，金项链和手镯都在，屋内财物也没有损失。警方综合多方面判断，初步排除他杀。据民警走访，老陈有个习惯，每天早上要到小区门口的面店喝早酒、吃面。据面店老板回忆，老陈最后一次来，是10月14日。这和法医的初步鉴定也吻合。老陈去世10天左右，而老太太离世，距离发现时一两天。在卫生间里，还有洗好的衣服未晾晒。警方推测，事发时，老陈应该是给妻子洗澡，然后自己洗澡。房间地上有一个熨斗，接线口已经开裂了。估计，老陈当时在熨烫衣服。最大的可能是，老陈当时可能是因触电、摔倒或者突发疾病导致猝死，因此才连衣服都没穿。

（案例来源：龙玉其．社会保障案例评析［M］．经济管理出版社，2016.）

（二）案例评析

在人口老龄化、高龄化的背景下，如果政府不采取积极有效的措施，“空巢老人”的问题将日益严重。“空巢老人”的生活不理想主要体现在以下几个方面：

（1）经济供养问题。很多“空巢老人”居住条件差、身患多种疾病、经济收入低，造成他们生活质量不高。经济困难突出的老年人主要是那些没有养老金收入或是退休早且养老金收入低以及身患重病、慢性病的高龄“空巢老人”。因为养老负担重、医疗需求多，不少老人因此陷入“因贫致病、因病返贫”的恶性循环中。

（2）精神慰藉问题。不少“空巢老人”存在精神空虚、心理寂寞、情绪低落、孤独感和衰老感，表现为情绪上低落不稳、急躁不安、孤僻，生理上机能失调、食欲退减、睡眠不好等综合征，这一般被称为“空巢综合征”，这种“空巢综合征”又极易引发抑郁症、焦虑症等心理和精神问题，严重时甚至会转变为老年精神障碍或老年痴呆症，给老人及其子女带来不尽的痛苦。

（3）疾病医护问题。人到老年，健康状况有所下降，生病就在所难免。由于年龄段的不同，自身身患疾病的差异，形成了老人们不同的医疗保健需求。空巢老人身边无子女，一生病要去医院看病就非常困难，经常遇到“久病床前无孝子”的情况。老人患病后能否得到及时治疗与护理与其个人拥有的照料资源有相当大的关系。

（4）日常生活照料问题。当“空巢老人”身体不适或行动不便、需要照料的时候，子女或者亲友不能及时给予老人照料，会给“空巢老人”带来极大的生活不便。

面对“空巢老人”的日常照顾问题，由于家庭照顾的缺失，真正的重心在机构、在社区。政府有责任、有必要通过兴办养老福利机构，培育和发展社会养老护理服务市场以缓解养老压力，同时积极发挥社区和村落在“空巢老人”日常照料和精神慰藉的积极作用，建设服务型、功能性社区，重视社区的力量，让“空巢老人”的一些问题不出社区，在社区里就可以解决，发掘社区内部的人力和物力资源，弥补家庭功能的缺失。同时，建立健全“失能老人”长期护理保险制度，解决失能老人护理照护服务费用问题。

案例3-9　失能老人养老问题

（一）案例描述

尴尬之一：为照顾母亲没了收入。擦身、喂饭、换尿片……50岁出头的李某，每天为瘫痪在床的母亲忙碌着。李某虽有四兄妹，但年龄都已大了，照顾母亲的责任自然而然就落在了李某身上。如今，每隔两小时李某就得为母亲翻一次身，有时还得替母亲换弄脏的衣服和床单。不到1.6米的她，每天得抱着100多斤的老母亲床上、沙发上来回好几次，时间一长，年轻时犯下的腰椎间盘突出症又复发了。李某是名“4050”人员，下岗后一直靠打零工贴补家用，每月有2000元左右的收入。自从母亲瘫痪在床后，她就再没出去打过工。哥哥姐姐每人每月给她200元作为老母亲的生活费，但这一进一出，她家每月的收入还是少了1000多元。对于像她这样正在供子女上大学的家庭来说，手头一下子就变得紧巴起来。

尴尬之二：请个保姆困难重重。李某和哥哥姐姐约好凑钱给老人请个保姆，可家政公司一听要侍候不能自理的老人，就直摇头。“失能老人”家庭请个保姆到底有多难?记者先后来到多家家政服务公司“请保姆”，听说是照顾卧病在床的老人，一些原本有意愿的保姆，又都一屁股坐回了原位。政服务中心工作人员表示，目前来中心请住家保姆照顾老人的客户占中介总量的1/5左右，但能够顺利签约的通常都是经济条件宽裕且老人生活基本能够自理的家庭。这几年，受家政服务市场供需缺口加大以及物价上涨因素的影响，住家保姆的酬劳也在“噌噌”往上涨。据相关数据2009年，一个住家保姆每月的酬劳在800元左右，2011年上半年涨到1100~1200元，到如今少于1300元基本上没人做了。这样的薪酬水平，对于一般家庭和一个每月养老金在1500元左右的退休老人来说难以承受。“老人请保姆，稳定性差”，该负责人所说的“稳定性”，是指一个保姆在雇主家干到3个月以上。由于照顾“失能老人”不仅要求保姆有爱心和责任心，还少不了要端屎端尿、擦身洗背，劳动强度比普通家庭大，所以很多保姆干了几天就不想干了。保姆挑雇主的同时，许多老人同样也在挑保姆。“失能老人”家庭想要从家政服务中心寻求帮助困难重重。

尴尬之三：住养老院的费用过高。李某和哥哥姐姐们也想过送母亲到养老院，可“一床难求”的现状和高昂的费用又难倒了他们。如今，不仅公办的养老福利院爆满，民营老年公寓的入住率也在迅速升温。少数民营的养老院和老年公寓甚至拒绝接收“失能老人”，那些接收“失能老人”的民营老年公寓和养老院的租住价格和护理价格又明显偏高。以某老年公寓为例，老人入托时须缴纳3000元保证金，接受一级护理的“失能老人”仅床位费加护理费每月超过1700元，加上伙食费、水电费、洗澡费等，总的费用加在一起超过3000元，这是许多普通市民家庭难以承受的。

尴尬之四：不符合居家养老条件。李某说，目前由政府购买服务的居家养老对象一般为“三无”老人（无劳动能力、无经济来源、无法定托养或赡养人的老人），像李某母亲这样有子女在旁或者有退休金养老的，并不在此政策范围内。

（案例来源：龙玉其．社会保障案例评析［M］．经济管理出版社，2016．）

（二）案例评析

丧失生活自理能力的老人称为“失能老人”。按照国际通行标准分析，吃饭、穿衣、上下床、上厕所、室内走动、洗澡 6 项指标，一到两项“做不了”的，定义为“轻度失能”，三到四项“做不了”的定义为“中度失能”，五到六项“做不了”的定义为“重度失能”。

全国老龄办、民政部、财政部共同发布第四次中国城乡老年人生活状况抽样调查结果显示，我国失能、半失能老年人大致 4063 万人，占老年人口的 18.3%。

近 4000 万中国失能老人的照护服务问题引起了社会的高度关注，所以，从失能老人对居家、社区和机构照护服务需求的视角出发，完善我国养老服务体系，政府应针对失能老人制定长期照护服务的专项发展规划，构建中国长期照护服务体系，提高长期照护服务的水平。具体如下：

（1）建立多元化养老院。各地在探索中逐步构建了政府主导、社会化和市场化机制相结合的养老事业发展模式，其核心在于打造“没有围墙的养老院”，让老人能在自己熟悉的环境中养老，在自己的家里或者社区里就能享受到一系列的服务。随着我国养老问题的日益严峻，社会上出现了“虚拟养老院”“一刻钟便民服务圈”“居家养老”“社区养老”等多种养老模式，这些养老模式的共同点在于从老人的实际情况和切身需求出发，充分考虑到老年人的难处和需求，努力挖掘身边的资源。

“虚拟养老院”是政府建立一个信息服务平台，当老年人有服务需要时，拨打电话给信息服务平台，信息服务平台就会按照老年人的要求，派服务企业员工上门为老年人提供服务，同时对服务质量进行监督。此概念最早由苏州市沧浪区区政府、区民政局正式提出，并由居家乐服务中心实体运营，采用政府引导、企业运作的方式，取得了一定的社会效益，各个地方逐渐效仿，开展养老服务的新模式。“一刻钟便民服务圈”也是从点滴入手，为社区老人解决生活中的小事情，比如买菜、交水电费、电话费等，大大方便了老人的生活，提升了生活的品质。“社区养老”和“居家养老”的形式多样，有些社区里开设了日间照料中心，为 60 岁以上的老人提供休闲、娱乐、健身的场所，让老人们在一起交流，缓解心中的苦闷，同时还会提供适宜老年人的餐饭。对于行动不便的老人，则提供上门的一些服务，包括洗头、晒被子等日常照料。

这些养老新模式为中国当前的养老困境打开了一条新的通道，但资源的分配不均等化，导致大城市中的高档社区里，老人能享受到这些便民服务，而在农村很难享受。对提供养老服务的机构来说，问题更是纷繁复杂。原因，一是在于缺乏资金支持，很多养老机构都出现入不敷出的情况，国家在这方面需要加大政策的扶持力度，鼓励民办养老机构的发展，引入市场机制，满足广大老年人的养老需求。二是农村社区和城市社区在多方面都存在较大的差异，应探索出适合不同地区的养老模式。三是养老机构管理体制的不健全，也是很多养老机构发展不起来或者无法持续发展的主要原因。对于老年人的医疗照顾，给民办养老机构进行合理的定性和定位，都需要管理制度的更加完善。

（2）调动社会力量，化解养老难题。在案例中，可以看到“失能老人”在找保姆的过程中困难重重。护理人员不等同于保姆、护士，照顾“失能老人”对护理人员有更高的要求，不仅要照顾饮食、起居，还应有一些疾病护理方面的知识，同时在心理素质、抗压性方面都有一定的要求，此外，护理人员薪资也是决定是否有人愿意从事该项工作的重要因素。

自国务院2013年9月发布《关于加快发展养老服务业的若干意见》以来，全国许多城市加快引入社会组织、企业和个人投资，进一步增加养老服务人员培训和设施建设。这在一定程度上缓解了劳动力市场上“失能老人”护理人员的短缺。除此之外，还需要保证护理人员的薪资水平，在这方面，除了政府给予一定的补贴外，关键在于市场机制的引入，使护理人员的薪资在供求的影响下达到合理水平。当然，同样不能忽略管理机制的健全，避免对老人和护理人员造成不必要的损失和伤害。

（3）老年人需要转变思想，接受社会养老。在“养儿防老”的传统观念影响下，大部分老人将自己的养老大事寄托在家庭和子女身上，子女也身负“不在家养老人不孝”的观念，在子女较多的家庭中，几个子女赡养两个老人，不会觉得有太大的压力。但在现代社会中，核心家庭逐渐取代传统的大家庭，独生子女家庭逐渐增多，老人的养老问题越发严重，子女已不能独自承担。在这种情况下，需要老人观念的转变，改变以前“没孩子的人才住养老院”的传统观念，子女也不应该片面地认为让老人住养老院不孝顺，而是应该根据家庭的情况、自身的情况、老人的情况及意愿，为老人选择合适的、对其有利的养老方式，使老人能够安度晚年。①

（4）从制度建设来看，建立健全“失能老人”长期照护保险制度，解决城乡“失能老人”照护服务费用问题，实行责任共担的方式筹集护理保险资金。长期护理保险是为长期失能人员的基本生活照料和与基本生活密切相关的医疗护理，提供资金或服务保障的社会保障制度。从现实来看，长期失能人员中，老年人所占比例相对较大，因此，长护险的推出，获益最大的群体应当属失能老人。长护险制度，至少能从经济上给老年人或其家庭减轻一定的负担，让失能、半失能老年人的长期护理问题，得到扶持政策的兜底。

案例3-10　政府购买养老服务

（一）案例描述

近年来，浙江金华、吉林松原、河北张家口等地政府推行的“居家养老服务”，依

① 龙玉其．社会保障案例评析［M］．北京：经济管理出版社，2016.

靠社会、企业力量，以政府购买公共服务的形式，为居住在家的老年人提供以解决日常生活困难为主要内容的社会化服务。通过推进社会化养老，政府执政角色也开始从“大包大揽”向统筹社会资源发生着转变。

“只需手机一键拨通说明要求，不一会儿就会有人上门服务。”家住吉林省松原市某社区的老人说。过去，李某时常犯愁，老伴儿有病生活不能自理，儿女在外地帮不上忙，而如今，拿着民政部门免费发放的代金券，就能享受到专业的家政服务。

为老人服务的工作人员来自吉林省某市某家政公司。“公司的服务能力和价格优势在‘居家养老’招投标中胜出。”某市某家政服务公司负责人说，虽然收益较低，但参与居家养老的民生工程能提高企业的知名度，“企业不算小账，目光要放长远才行”。

该市政府经调研发现，该市区养老院容纳能力有限，且老年人普遍习惯居家养老，因此探索出政府购买公共服务的居家养老新模式，该模式以松原市内 60 周岁以上身体失能、家庭困难的老人为服务对象，通过政府购买社会服务，搭建养老信息平台吸纳相关企业入驻的方式，在财政投入部分资金基础上初步形成的养老服务产业链条。

该市还计划在养老服务基础上编制数据库，利用大数据理念挖掘民生工程背后的隐性商机。在居家养老试点社区中，有关部门详细统计域内老人的各类信息，编制数据库，与通信公司、公益组织合作研发信息服务平台。“未来平台将逐步扩大，在公益助老之余，纳入家政、餐饮等各类服务企业，利用电子商务做大养老产业。”该市民政局负责人说。

在浙江省某地农村，当地政府推出了“统分结合”的农村居家养老服务中心，政府扮演统筹社会资源的角色，通过政府财政资金、企业商会捐赠、上级补助、乡村自筹等途径支撑和保障了农村居民养老服务的硬件建设机构常态运行。据了解，浙江某地农村养老模式的核心是两个“统分结合”，即服务上实行“白天统一照料、晚上分散居住”，运营中实现“中心较大村统一布点、边缘较小村分餐配送”相结合。重点解决农村老人日常用餐、医疗保健、文体娱乐等最基本问题。浙江省某市金东区已建成农村居家养老服务中心 130 多家，可服务老人两万余人，占浙江省某市金东区老年人口数近一半，并力争实现全覆盖。

河北省某市某区也正式启动了政府购买养老服务项目，这些服务同样依靠社会、企业力量，以居家养老服务为基础，以日间照料站服务模式做补充，逐步实现养老服务由过去的被动补缺型向适度普惠型转变。

（案例来源：经济参考报，http：//www. jjckb. xinhuanet. com/2014 -09/18/content_521342. htm。）

（二）案例评析

随着我国老龄化不断发展和养老服务需求多样化的增强，政府购买服务已成为政府提供公共服务的一种选择。2013 年 9 月，国务院办公厅发布了《关于政府向社会力量购买服务的指导意见》，提出要推进政府购买服务工作，认为推行政府向社会力量购买服务是创新公共服务提供方式、加快服务业发展、引导有效需求的重要途径，对于深化社会领域改革，推动政府职能转变，整合利用社会资源，增强公众参与意识，激发经济社会活力，增加公共服务供给，提高公共服务水平和效率，都具有重要意义。

2013 年 9 月国务院发布的《关于加快发展养老服务业的若干意见》中提出，要逐步使社会力量成为发展养老服务业的主体，营造平等参与、公平竞争的市场环境，大力发展养老服务业，提供方便可及、价格合理的各类养老服务和产品，满足养老服务多样化、多层次需求。2014 年 8 月，财政部、发展改革委、民政部、全国老龄办发布了《关于做好政府购买养老服务工作的通知》，对政府购买养老服务的主体、内容、方式等进行了明确规定。这些政策陆续出台，说明了政府购买养老服务工作全面启动和实施。

政府购买养老服务是指政府与加盟企业或非营利组织之间就购买养老服务的问题，以合同的方式建立契约关系，由政府出资，加盟企业或非营利组织运作管理，并提供服务，政府通过一定方式对购买的服务进行评估和付费，从而保证老年人居家养老的质量，满足老年人的基本物质与精神生活需求的服务供给方式。

从案例描述中的各省实践看，各地区的政府购买服务的核心是将市场机制引入公共服务领域，打破政府在公共服务领域的垄断供给；政府购买养老服务的范围广泛，包括社区居家养老服务和机构养老服务，其中社区居家养老服务涉及的内容目前有基本生活服务、医疗卫生服务、保健护理服务、文化教育服务、精神陪护服务、法律援助服务等。所以，政府购买服务是一项惠民政策。

我国政府购买养老服务无论是从政策层面还是实践层面都处于起步阶段。随着老龄化不断发展和养老服务需求多样化的增强，政府有限的资源和能力难以满足社会多样化、多层次的养老服务需求。因此，发动社会力量提供更多的养老服务成为我国政府发展养老服务的重要目标。但政府购买养老服务中存在的问题集中于以下几个方面：

一是在主体间关系方面，政府对社会组织的控制力和社会组织对政府的依赖性都较强，双方缺乏独立性，很多社会组织是政府部门的延伸，由此产生了政府购买行为“内部化”现象，双向合作难以实现；另外，社会整体参与度不高，服务机构竞争性不强，服务对象在购买过程中的参与度不高，服务受惠群体范围小。①

二是在制度构建方面，政府购买的法律法规不够完善；政府购买程序和购买标准缺少规范、清晰化和透明化；缺乏稳定经费投入预算管理制度和政府对社会组织的优惠政策以及政府购买养老服务监督、评估机制不够完善。因此，建立健全地方政府购买服务，是建设服务型政府、提高治理能力现代化的客观要求。

三是完善政府购买公共服务需要政府转变观念，加强购买流程、公共预算、评估监督体系等制度建设，建立多方责任，促进政府间纵向合作，推进社会组织发展，培养优秀公民。

四是明确各级政府的购买职责，扫除政府行政权力干预的障碍，形成公共服务购买

① 王浦劬等．政府向社会组织购买公共服务研究：中国与全球经验分析［M］．北京大学出版社，2010.

是财政资金使用的正式支出形式，对养老服务的实施进行跟踪评估以保证养老服务的数量和质量。

五是完善社会养老服务购买机制，政府应扩大养老服务的购买范围、规范养老服务合同，建立完善的评估体系，为社会组织创造宽松的发展环境。

六是建设统一的公共服务采购平台，完善现有的预算编制、报采项目审核、确定采购方式、下达采购任务、支付采购资金的政府采购基本程序，加强政府部门的事前、事中、事后的全过程、全方位监督管理。①

第二节　教育福利

案例 3－11　孤残儿童的特殊教育问题

（一）案例描述

2017 年 4 月 28 日，在海南（海口）特殊教育学校某部某班的教室里，语文教师蔡某正在为孩子们一一辅导早读《陋室铭》。因为手语的词汇量很小，有很多近义词，要让孩子们完整地读完一篇课文，很多手语都是要现教的。蔡某 2012 年从南京特殊教育职业技术学院毕业，毕业之后便来到海南（海口）特殊教育学校教书，同时任班主任。特教学校都是小班教学，班级一般有 10 名学生。蔡某作为班主任，不仅要教好课程，还要帮孩子们处理生活琐事。

2017 年 5 月 21 日是第 27 个"全国助残日"，孤残儿童再次成为关注的热点。面对聋哑、盲、智力残疾的孩子，特殊教育学校的老师无论是教哪一门课，都要有超一般的耐心、爱心和责任心。

（案例来源：海南日报，http：//hnrb. hinews. cn/html/2017 －05/23/content _14 _1. htm。）

（二）案例评析

残疾人受教育权利的保障程度是衡量一国人权状况的重要指标。党的十九大报告提出要办好特殊教育，并强调"幼有所育、弱有所扶"，将残疾儿童的特殊教育放在前所未有的重要位置。在十三届全国人大一次会议七次全会后的"部长通道"上，中国残疾人联合会相关负责人指出：目前我国 0 ~6 岁的残疾儿童大约是 168 万。为了保障这些残疾儿童能够和健全孩子一样享受平等的教育，党和国家制定了一系列措施。

---

① 徐瑞蓉．关于推进政府购买服务的思考［J］．经济研究参考，2014（35）．

目前，我国基本形成了以普通学校随班就读为主体，以特殊教育学校为骨干，以送教上门和远程教育为补充的特殊教育发展格局①。2008 年 7 月 1 日起施行的《中华人民共和国残疾人保障法》第二十八条规定：“国家有计划地举办各级各类特殊教育师范院校、专业，在普通师范院校附设特殊教育班，培养、培训特殊教育师资。”2017 年 1 月国务院常务会议通过的《残疾人教育条例（修订草案）》第二十四条规定：“专门接收残疾儿童的幼儿园、特殊教育学校附设的幼儿园等学前特殊教育机构，应当根据学前残疾儿童的特点与需求，遵循教育、保育和康复相结合的原则，促进残疾儿童健康发展。”普通师范院校开设特殊教育课程或者讲授有关内容，使普通教师掌握必要的特殊教育知识。特殊教育教师和手语翻译，享受特殊教育津贴。”

上述案例中，海南省孤残儿童的特殊教育面临师资力量不足的问题。拥有极大的爱心是特教老师的必备素质，专业的教学水平也是特教老师的必备技能。2015 年教育部颁布《特殊教育教师专业标准（试行）》，要求所有从事特殊教育的教师应具有良好的职业道德，掌握系统的专业知识和专业技能。所以，应加大特殊学校师资培养力度，举办各级各类特殊教育师范院校、专业，在普通师范院校设特殊教育专业。同时，对从事特殊教育的老师给予特殊教育津贴，对从事残疾儿童教育的教师在编制、待遇等方面加强重视与激励，改善其工作环境，为其提供继续深造的机会，提高社会地位及福利待遇以吸引更多优秀的教师加入残疾儿童教育。另外，需要加强对残疾儿童教育工作的监督和评估，确保残疾儿童的受教育权。有关部门应依据相关法律制度和政策，监督残疾儿童教育的教学质量，并建立起残疾儿童教育监督评估标准体系。将残疾儿童受教育权作为教学工作成果的重要评估因素，从而更有效地保障残疾儿童受教育权。

案例 3 －12　城乡义务教育的均衡发展问题

（一）案例描述

“从一个地道的农村学校，逐步成为芜湖市弋江区综合评比前列的先进集体，离不开民盟‘烛光行动’的大力支持和帮助。”芜湖市弋江区某中心学校校长薛某深有感触地说。该校 2006 年 3 月划入市区，由于历史欠账较多，办学条件和师资队伍相比市内其他学校一直存在较大差距。

民盟芜湖市委结对帮扶该校五年多来，先后多次从盟员中抽调优秀教师组成支教队伍，邀请心理学、国学、幼教、英语等方面的教育专家上门辅导，帮助该校提升教育理念、教育素质和教学水平。同时积极组织捐款捐物，并联系相关部门在学校扩建、改建方面提供政策、资金支持，有效改善了学校基础条件和办学质量。

“烛光行动”实施以来，民盟安徽省委发挥各地的区域优势，积极组织和发动安徽

① 隋玮．特殊教育学校教师教学胜任力研究［D］．山东师范大学，2019.

省各级民盟组织，精心打造奉献爱心、服务社会、帮扶教育的品牌，探索出了很多好的经验和方法。他们按照“一个盟员老师结对一个学科”的原则，采取“手拉手”互帮互学等方式开展丰富多样的教学交流活动，老师们通过“互听一堂课、互评一教案、互编一考卷”及组建结对教师微信群等方式深入交流学习。先后为皖北地区、大别山区、皖南山区培训农村教师5000多人次，援建学校7所，结对帮扶学校20多所。与某教育科技集团进行合作，由单项的活动向固定、长期的活动转变，形成具有安徽特色的合作机制，受到了社会各界的普遍赞誉。

“捧着一颗心来，不带半根草去”是民盟前辈陶行知先生的一句名言，也是开展“烛光行动”近10年来始终坚持的初心。进一步动员更多盟员积极参与，不断丰富“烛光行动”的内容，让民盟的烛光照得更亮更远。

（案例来源：搜狐网，http：//www. sohu. com/a/146052453_120809。）

（二）案例评析

党的十八大以来，我国教育事业取得了历史性进展，总体发展水平跃居世界中上行列，但少数农村地区特别是老少边穷岛地区仍不同程度存在失学辍学现象，实现国家确定的到2020年义务教育巩固率达到95%的目标仍面临严峻挑战。党的十九大提出“推动城乡义务教育一体化发展，高度重视农村义务教育”，这就要求高度重视改善农村学校办学条件、重视农村学校规划、高度重视农村学校教师队伍建设、重视农民对高质量、多样化教育的需求，支持办好农村公办学校和民办学校。2003年国务院颁发的《关于进一步加强农村教育工作的决定》明确了农村教育在全面建设小康社会中的重要地位，把农村教育作为教育工作的重中之重。提出“广泛动员和鼓励机关、团体、企事业单位和公民捐资助学”。

上述案例中，“烛光行动”是2007年7月由民盟正式启动的一项社会服务活动，旨在帮助加强农村教师队伍建设、推动中国城乡义务教育的均衡发展和城乡教育公平。民盟芜湖市委结对帮扶芜湖市弋江区某中心学校，通过多种教学交流活动，扩大优质教育资源覆盖面，让乡村上学的孩子得到更好的教育。这种城乡学校的合作，实现了优质教育资源共享，切实解决义务教育城乡发展不平衡问题。为了解决农村教育发展滞后的问题，国家应出台相关农村教育资助政策，加大对农村教育的投资力度，合理分配城乡教育资源，把教育资源普及到更多的偏僻地区；对农村义务教育学校教师实行倾斜政策，给予相关优惠政策，稳定农村教师队伍，减少农村师资紧缺问题。

案例3－13　农民工子女入学问题

（一）案例描述

2016年9月23日，在合肥市农民工子女某定点小学里，刚入学的农民工子女跟随老师朗读课文。目前该小学共有学生 1349 名，其中农民工子女 490 名，占比近四成。

2010 年起，安徽省进城务工农民子女凭父母务工、经商等相关证明，就能和城里孩子一样划片就近入学。"免试、免费"的原则，让进城务工农民的随迁子女无障碍入学、升学。2013～2015 年，安徽省农民工随迁子女接受免费义务教育的人数分别为 26.9 万、40 万、46 万，惠及人数明显上升，这也就意味着越来越多的"小候鸟"能够与父母一同进城生活，接受和城里孩子一样的教育。

（案例来源：安徽日报，http：//epaper.anhuinews.com/html/ahrb/20161009/article_3500831.shtml。）

（二）案例评析

本案例反映的是农民工子女教育问题。近年来，农民工流往城镇的方式逐渐由"个人流入"向"举家迁入"转变。随着农民工随迁子女数量逐年增长，成为当代城镇中一个不可忽视的新一代青少年群体。2003 年国务院颁布的《关于进一步做好进城务工就业农民子女义务教育工作的意见》规定："进城务工就业农民流入地政府负责进城务工就业农民子女接受义务教育工作，以全日制公办中小学为主。"2016 年国务院颁布的《关于统筹推进县域内城乡义务教育一体化改革发展的若干意见》规定："各地要进一步强化流入地政府责任，将随迁子女义务教育纳入城镇发展规划和财政保障范围，建立以居住证为主要依据的随迁子女入学政策，切实简化优化随迁子女入学流程和证明要求，提供便民服务，依法保障随迁子女平等接受义务教育。利用全国中小学生学籍信息管理系统数据，推动'两免一补'资金和生均公用经费基准定额资金随学生流动可携带。要坚持以公办学校为主安排随迁子女就学，对于公办学校学位不足的可以通过政府购买服务方式安排在普惠性民办学校就读。实现混合编班和统一管理，促进随迁子女融入学校和社区。"

当前，我国农民工子女在教育机会、受教育过程以及教育结果等各个方面都表现出不均等。为了解决这些问题，必须创造均等的教育机制，整合现有资源实现高质量的教育均等，并要从多角度入手保障农民工子女升学机会的公平。上述案例中，安徽省的做法依法保障农民工子女平等接受义务教育。这些政策意味着进城农民工随迁子女的义务教育纳入了当地的公共教育服务体系，共享教育资源，有效保障了农民工子女平等接受义务教育的权利。要保证农民工子女的教育问题，需要多角度保障升学机会公平。除了公办学校，还要建立更多的农民工子弟学校，为农民工子女提供优质的教育。政府要加大对农民工子弟学校的投入力度，加强学校的管理，提高学校的教育质量。通过优惠政策、资金的支持等鼓励社会力量办学，扩大城市教育的容量，实现教育的多元化发展。

案例 3－14　社会力量参与教育资助的问题

（一）案例描述

"授渔计划"秉承用公益力量推动职业教育发展的理念，携手更多的爱心企业和爱心人士资助了符合条件的初、高中毕业的孤儿、留守少年和贫困学生。李某是得到“授渔计划”的学生之一。“授渔计划”作为《等着我》战略合作伙伴，不仅为符合条件的孩子提供教育救助，也为《等着我》的求助者提供多元化的帮助。

李某于2014年9月来到“授渔计划”项目之一的河北某职教中心上学，并参加了“授渔计划”实施五年成长助学项目。“授渔计划”资助一万元助学金帮助李某不仅完成中等职业教育，而且继续资助完成了北京师范大学的成人大专教育。同时，安排到项目企业中就业。

授渔计划，不仅给家庭困难学生提供了学习机会，而且这些困难家庭孩子的人生发生了变化。

（案例来源：新华网，http：//www.xinhuanet.com/gongyi/2015 – 03/11/c _ 127570277.htm。）

（二）案例评析

教育救助是解决贫困代际转移的有效手段，是促进教育公平和建立和谐社会的必要条件。目前，我国已初步建立起从学前教育到高等教育各学段家庭经济困难学生资助体系。2014年5月1日起施行的《社会救助暂行办法》第三十三条规定：“国家对在义务教育阶段就学的最低生活保障家庭成员、特困供养人员，给予教育救助。对在高中教育（含中等职业教育）、普通高等教育阶段就学的最低生活保障家庭成员、特困供养人员，以及不能入学接受义务教育的残疾儿童，根据实际情况给予适当教育救助。”上述案例中的“授渔计划”帮助李某完成职业教育、大专教育及就业，李某得到了各个阶段的全面的教育救助。

国家财政大力支持教育救助的同时，还亟须社会力量参与其中，鼓励支持社会团体、慈善组织、学校参与教育救助，实现新时代“弱有所扶”的社会帮扶资源与教育救助有效对接。《社会救助暂行办法》第五十二条规定：“国家鼓励单位和个人等社会力量通过捐赠、设立帮扶项目、创办服务机构、提供志愿服务等方式，参与社会救助。”上述案例中，“授渔计划”作为一种社会力量参与教育资助，为《等着我》的求助者提供多元化的教育救助。我国应建立起以政府为主、社会资助为辅、教育自筹相结合的教育救助长效机制。因此，应充分动员社会力量，尤其是大力发展慈善救助事业，鼓励并引导社会各界参与教育捐赠，以促进资金的多样化与完备化，从而为弱势群体提供持续且稳定的资金帮助。

案例3 – 15　残疾儿童的教育资助问题

（一）案例描述

2018年春季学期起，合肥市将全面启动义务教育阶段适龄残疾儿童、少年送教上门服务工作。市教育局要求，各县（市）区要对现有符合条件的适龄残疾儿童开展送教上门服务，确定并指导承担送教上门任务的学校制订工作方案，确定合适的送教方式，每次送教服务应有不少于2名教师。

送教上门服务工作的对象为具有安徽省户籍，经县级残疾人教育专家委员会认定，为不能坚持到特殊教育学校或者普通学校随班就读的、具有一定接受教育能力的义务教育阶段6~15周岁重度残疾儿童少年，包括在康复机构接受康复治疗和在儿童福利机构集中供养的残疾儿童少年。

送教上门服务属残疾儿童少年义务教育范畴，普通学校和特殊教育学校将相互配合共同负责服务区域内重度残疾儿童少年的送教上门服务工作，免费送教上门。送教服务须在家长认可和配合的基础上建立一人一案，开展相应教育服务。每个服务对象原则上每周可享送教服务不少于1次、每次2~4个学时。承担送教任务的学校要根据服务对象情况，灵活选择实施一（多）对一服务、到服务对象所在的福利院或残疾儿童少年康复机构等开展服务以及家长到送教点陪学等方式。

市教育局相关负责人介绍，根据教育部特殊教育三类课程标准和有关文件精神，结合送教对象情况，由送教学校与其父母或其他法定监护人确定送教内容。要制订个别化教学计划，首次送教上门要通过访谈了解学生现状，针对服务对象的生理心理特点、残疾类别和个人潜能，做好相关专业评估，并制订切实可行的个别化教学计划。

教师开展送教服务时要为服务对象送学习教材，有针对性地开展课程教学和补偿训练，一般应包括康复训练、认知、语言交流、生活自理、学习能力、社会适应和特长培养等方面。同时，送教上门教师要加强对家长的培训，指导家长掌握有关教育补救方法和基本康复训练技能，并根据教学情况布置好家庭训练。送教单位要根据服务对象个别化教学计划和具体情况，确定每学期送教上门时间和课时。

（案例来源：合肥日报，http：//www. hefei. gov. cn/xwzxdt/csbb/201803/t20180313_2511052. html。）

（二）案例评析

残疾儿童作为儿童中最特殊的群体，其义务教育应该得到各界人士的重点关心和照顾。保障残疾儿童受教育权是我国宪法的应有之义，也是衡量一个国家人权与社会公平正义的重要指标。《中华人民共和国教育法》第十条规定：“国家根据各少数民族的特点和需要，帮助各少数民族地区发展教育事业。国家扶持边远贫困地区发展教育事业。国家扶持和发展残疾人教育事业。”2008年7月1日起施行《中华人民共和国残疾人保障法》第二十一条规定：“国家保障残疾人享有平等接受教育的权利。各级人民政府应当将残疾人教育作为国家教育事业的组成部分，统一规划，加强领导，为残疾人接受教育创造条件。政府、社会、学校应当采取有效措施，解决残疾儿童、少年就学存在的实际困难，帮助其完成义务教育。各级人民政府对接受义务教育的残疾学生、贫困残疾人家庭的学生提供免费教科书，并给予寄宿生活费等费用补助；对接受义务教育以外其他教育的残疾学生、贫困残疾人家庭的学生按照国家有关规定给予资助。”

我国的特殊儿童送教上门是在教育公平思想下的一种教育安置形式，为有教育需求但不能到校就读的重度残疾儿童少年，由教师进入其家庭并在家庭中对他们进行教育。在2014年教育部出台的《特殊教育提升计划（2014—2016年）》中明确提到对不能到校就读的重度残疾儿童少年提供送教上门或远程教育服务。上述案例中，合肥市的部分残疾儿童享受的“送教上门”是根据当地实际情况制定的政策，送教内容基本上都是以“教育加个别化服务”为主，帮助残疾儿童完成义务教育，保障了残疾儿童接受教育的权利，有助于提高残疾儿童的生活质量，让他们更好地融入社会。随着社会的不断发展，送教上门可以利用新科技和互联网技术来拓宽服务渠道。互联网等新科技不仅可以丰富送教上门的教学形式、提高送教上门的教育康复质量，还可以优化送教上门的管理，包括学籍管理、档案管理、个别化教育计划的修订与管理、送教课程的制定与实施等，能够及时动态掌握学生的接受送教上门情况①。

第三节 妇女儿童福利

案例3－16 怀孕女职工严重失职者可辞退

（一）案例描述

杭州滨江区某外贸公司的人力资源部员工李某最近因为公司女职工怀孕一事而处理得焦头烂额。据李某描述，公司对于怀孕女职工的产假规定都是按照国家法律执行的。但是，两个月前，公司财务部门刚来不到一年的出纳员张某对李某说，自己怀孕了，并出具了医院的诊断证明。后来，怀孕的张某总是提前下班，屡次以检查身体为由旷工。

（案例来源：青年时报，http：//news.163.com/14/0428/01/9QSMPST600014Q4P.html。）

（二）案例评析

女职工在怀孕期间受到特殊的法律保护。《女职工劳动保护特别规定》第五条规定：“用人单位不得因女职工怀孕、生育、哺乳降低其工资、予以辞退、与其解除劳动或者聘用合同。”第六条规定：“女职工在孕期不能适应原劳动的，用人单位应当根据医疗机构的证明，予以减轻劳动量或者安排其他能够适应的劳动。对怀孕7个月以上的女职工，用人单位不得延长劳动时间或者安排夜班劳动，并应当在劳动时间内安排一定

① 王涛．“送教上门”个性化课程及云平台建设探索［J］．现代特殊教育，2017（7）：32－33.

的休息时间。怀孕女职工在劳动时间内进行产前检查，所需时间计入劳动时间。”上述案例中，怀孕女工张某可以享受正常的保护，例如减轻劳动量或者安排其他能够适应的劳动。但是，张某不按时履行请假手续，不正常工作等行为有不当之处。

怀孕女职工的正当权益是受保护的，但是如果出现违反劳动纪律的行为则不受保护。《中华人民共和国劳动合同法》第三十九条规定：“劳动者有下列情形之一的，用人单位可以解除劳动合同：（一）在试用期间被证明不符合录用条件的；（二）严重违反用人单位的规章制度的；（三）严重失职，营私舞弊，给用人单位造成重大损害的；（四）劳动者同时与其他用人单位建立劳动关系，对完成本单位的工作任务造成严重影响，或者经用人单位提出，拒不改正的；（五）因本法第二十六条第一款第一项规定的情形致使劳动合同无效的；（六）被依法追究刑事责任的。”所以，对于严重违反劳动纪律或者违反规章制度，有营私舞弊行为，给企业造成重大损害的女职工，即使在孕期、产期、哺乳期内，企业可以解除其劳动合同。该案例中，怀孕女工张某在工作中严重失职且屡教不改，用人单位可以将其辞退。

案例 3－17　孤儿补助的问题

（一）案例描述

河南省尉氏县某镇某村村委会负责人曹某某 2002 年担任某村村委会主任，两年后任该村支书。随着国家对农民补助补贴力度的加大，村里的低保、危房改造及各种补贴都由他经手，低保名额该给谁也由他拍板，手中的权力大了，曹某的私欲开始膨胀起来。某一天，他与民政所长秦某聊天时说：“老秦，我看孤儿补助费发得不少啊！能不能帮我儿子办一个？”秦某听后帮他出了一个主意。很快，曹某以父亲在郑州务工又找了老伴为由到派出所办理了分户，将父亲、儿子户口从家里户口本中分出来。没过多久，他又拿着加盖村委会公章的空白稿纸通过秦某某找到庄头派出所管户籍的孙某某，让其在两张虚假证明上，加盖派出所户口专用章，证明曹某之子是孤儿。孙某未进一步核实，便在村委证明上加盖派出所户口专用章（该县纪委已给予孙某某处分）。后顺利通过县民政部门审批，使曹某某之子以农村孤儿身份享受五年零八个月的基本生活费 3 万余元。

2017 年 2 月，经该县纪委常委会研究，给予曹某某开除党籍处分，其违纪所得全部予以收缴，涉嫌违法问题移送司法机关处理。

（案例来源：中国纪检监察报，http：//csr. mos. gov. cn/content/2018 －01/16/content_57960. htm。）

（二）案例评析

本案例反映的是违规操作国家孤儿补助费的问题。2012 年财政部和民政部出台的

《孤儿基本生活费专项补助资金管理办法》第十条规定："地方各级财政部门、民政部门应当切实加强孤儿基本生活费专项补助资金的预算执行和监督管理工作。应当及时下达中央财政补助资金和地方安排的补助资金，加快预算执行进度，增强预算执行的时效性和均衡性，提高财政资金使用效益。应当专账核算，专款专用，严禁挤占挪用，自觉接受监察、审计等部门的监督检查。财政部、民政部根据需要，对全国孤儿基本生活保障工作和资金管理使用情况进行检查或抽查。对孤儿基本生活费专项补助资金管理和使用中的违规违法行为，依据《财政违法行为处罚处分条例》等国家有关规定追究法律责任，涉嫌犯罪的，依法移送司法机关处理。"孤儿基本生活费实行专项管理，专账核算，专款专用，严禁挤占挪用。

上述案例中，曹某某作为村支书，无视纪律和规矩，违规为其子办理孤儿证明来骗取孤儿生活费，在孤儿救助政策上捞油水、找好处，必然受到严惩。

随着我国社会福利体系逐步完善，孤儿各项权益得到了相应保障。2006 年 3 月《关于加强孤儿救助工作的意见》指出，要高度重视孤儿救助工作。2015 年以来，儿童福利保障与未成年人保护工作力度不断加大，全国普遍建立机构集中供养孤儿每人每月 1000 元、社会散居孤儿每人每月 600 元的孤儿基本生活最低养育标准。孤儿基本生活费能够维护孤儿合法权益、保障孤儿健康成长，是孤儿共享改革开放成果的表现。

案例 3－18 流浪儿童的救助事件

（一）案例描述

武汉市救助站是"行风先进单位""国家一级救助站""湖北省文明单位""最佳群众满意站所"。满屋挂着的奖牌，记载着救助站和未成年人保护中心的业绩。

走进武汉市救助站未成年人保护中心，一眼看去，工作人员全部身着湖蓝色工作服。该中心工作人员张某某说，以前，救助站工作人员实行救助，有时会被人误以为是"人贩子"。后来，站里的工作人员全都穿上了全省统一的工作服，工作车辆也加上了统一标识。他说："救助站现在提倡主动救助，所以工作要处处主动。每天出行不少于 8 辆车，每辆车上配一名司机和两名工作人员，车上有药品、食物等。在路上遇到流浪人员，有家庭的就送他们回家，身患疾病的先给他们做救治或者康复。"

救助站工作人员介绍，以前，一个大院只有一间房用作少儿班。环境和住宿条件比较差。现在，活动室、舞蹈室、电脑室、手工艺室、心理沙盘室等都有了，有些甚至是工作人员没听说过的。比如，用于孩子发泄情绪的治疗室，对孩子进行多感官训练的声光电治疗室等。救助站能有今天的条件，得益于福彩公益金的投入。比如，声光电治疗室里的高科技仪器是 2014 年采购的，福彩公益金在这一块投入了近 2000 万元。一直以来，福彩公益金有力支持湖北省社会福利和社会公益事业。它汇聚公益力量，满怀感恩，一路走来，镌刻出一幅幅令人感动的画面。

救助站工作人员肩章上有个标志，是一颗闪亮的启明星。对流浪儿童来说，救助站就像启明星一样，引导着他们走出短暂的黑暗，感受长久的光明与温暖。

（案例来源：湖北日报，http：//hbrb. cnhubei. com/html/hbrb/20151109/hbrb2775832. html。）

（二）案例评析

根据民政部发布的《流浪未成年人救助保护机构基本规范》，流浪儿童是指六周岁以上，十八周岁以下，脱离监护人有效监护，在街头依靠乞讨、捡拾等方式维持生活的未成年人。在未成年人权益保护工作上，民政部门服务的未成年人群体大致包括孤残儿童、流浪未成年人、留守儿童和困境儿童。他们的生活需要保障，权益需要维护。《中华人民共和国未成年人保护法》第四十三条规定："县级以上人民政府及其民政部门应当根据需要设立救助场所，对流浪乞讨等生活无着未成年人实施救助，承担临时监护责任；公安部门或者其他有关部门应当护送流浪乞讨或者离家出走的未成年人到救助场所，由救助场所予以救助和妥善照顾，并及时通知其父母或者其他监护人领回。对孤儿、无法查明其父母或者其他监护人的以及其他生活无着的未成年人，由民政部门设立的儿童福利机构收留抚养。未成年人救助机构、儿童福利机构及其工作人员应当依法履行职责，不得虐待、歧视未成年人；不得在办理收留抚养工作中牟取利益。"2011 年 8 月，国务院办公厅发出《关于加强和改进流浪未成年人救助保护工作的意见》，要求对流浪未成年人坚持救助保护和教育矫治并重。积极主动救助流浪未成年人，保障其生活、维护其权益；同时加强流浪未成年人思想、道德、文化和法制教育，强化心理疏导和行为矫治，帮助其顺利回归家庭。

上述案例中，武汉市救助站未成年人保护中心积极主动救助流浪未成年人，给予他们药品和食物，帮助其回归家庭，进行医疗救治或康复。这些救助措施提升了流浪未成年人的救助保护水平，维护了流浪未成年人的合法权益。

目前，我国流浪儿童的救助资金来源之一是彩票公益金。2017 年财政部、民政部颁布的《中央集中彩票公益金支持社会福利事业资金使用管理办法》第六条规定："彩票公益金的使用应当遵循福利彩票'扶老、助残、救孤、济困'的发行宗旨，主要用于资助为老年人、残疾人、儿童等特殊群体提供服务的社会福利项目，以及符合宗旨的其他社会公益项目。"

上述案例中，武汉市福彩公益金积极支持武汉市的社会福利工作。救助站未成年人保护中心因为得到福彩公益金的支持，其救助站环境改善明显，被救助人的生活水平不断提高，接受的救助项目也不断增加。所以，大力发展我国的福利彩票公益事业有助于社会救助的发展，实现社会救助资金多元化的目标。

案例3－19 困境儿童的福利

（一）案例描述

2013年6月27日，民政部决定，在江苏省昆山市、浙江省海宁市、河南省洛宁县、广东省深圳市开展适度普惠型儿童福利制度建设试点，将困境儿童纳入保障范围。

目前，深圳市探索建立孤儿基本生活费、单亲困境儿童基本生活费、重残家庭儿童基本生活费、暂时性失依儿童基本生活费、重残儿童医疗康复津贴、大病儿童医疗康复津贴、流浪儿童临时救助津贴等津贴制度。昆山市除了制定补贴制度，还将建立“儿童服务体系”，指导和帮助困境家庭对儿童的成长和教育。在浙江海宁，已建立起三级儿童福利工作机构和组织网络，市编办批复成立海宁市儿童福利指导中心，各镇（街道）成立了儿童福利服务工作站，各村（社区）成立了儿童福利服务工作室。河南洛宁2012年就已经将事实无人抚养儿童、患重病的儿童、残疾儿童、因家庭贫困无力抚养等18周岁以下未成年人纳入政府救助范围。

（案例来源：儿童福利网，http：//www.childwelfarecn.org/news/3049.html。）

（二）案例评析

困境儿童是一个概念体系，主要是指18岁以下，由于各种原因，缺少或可能缺少适当的照料和保护，并且容易受伤害的儿童。[①] 困境儿童包括残疾儿童、重病儿童和流浪儿童。

儿童福利是社会福利的一个重要组成部分，有狭义和广义之分。狭义的儿童福利指政府和社会为有特殊需要的儿童和家庭提供的各种支持、保护和补偿性保障，是一种补缺型福利制度。狭义的儿童福利一般包括实物受助和现金津贴两个方面，如实行各种形式的儿童津贴、对生育的一次性补助，以及单亲父母各种待遇等。广义的儿童福利是指政府和社会针对全体儿童的普遍需求，为促进儿童生理、心理和社会潜能的最佳发展而提供的各种保障，是一种普惠型福利制度。困境儿童福利实际上就是狭义的儿童福利，是为特殊儿童提供的福利。

上述案例中的普惠型儿童福利制度建设的试点城市，通过提供困境儿童津贴、成立儿童福利服务工作室、纳入社会救助等措施，维护了困境儿童的权益。

随着经济社会的发展，我国儿童福利事业不断进步。2011年国务院颁布的《中国儿童发展纲要（2011—2020年）》，其中增加了“儿童福利”章节，“儿童福利”概念在政府政策文件中以“十年规划”的形式出现。这体现了我国对于儿童福利事业发展的重视。2016年6月16日国务院颁布的《关于加强困境儿童保障工作的意见》提出，

---

① 尚晓援，虞婕．建构“困境儿童”的概念体系［J］．社会福利，2014（6）．

从保障基本生活、保障基本医疗、强化教育保障、落实监护责任、加强残疾儿童福利服务等五方面提出具体措施来解决困境儿童面临的问题。案例提到的四个城市的困境儿童都可以获得生活津贴，基本生活有了保障，这是我国儿童福利进步的表现。但是目前我国困境儿童成长还面临医疗、监护、教育、发展等问题，这需要继续完善困境儿童的保障工作。除了加大政府财政投入，更需要调动社会资源实行专业化的儿童保护。另外，需要制定《儿童福利法》，加强儿童福利制度的顶层设计。

案例3－20　农村留守儿童关爱保护难题的破解

（一）案例描述

四川省广元模式——延伸做实关爱服务平台

广元市充分发挥市区两级救助管理站、市未成年人社会保护中心优势，依托所辖3个区内的学校，在人口集中乡镇设立未成年人保护服务站，由区救助管理站站长担任督导；在人口稀少、偏远乡镇设立未成年人保护服务联络点，由站点所在学校校长担任站长，构建“站＋点”全覆盖模式，将市级关爱保护工作平台主动延伸至乡镇村组一级。

四川省巴中模式——织密构建基层服务网络

巴中市高度重视农村留守儿童关爱保护和困境儿童保障工作，针对各类儿童群体，从实际需求出发，制定出台一系列政策和保障措施，在乡镇（街道）成立儿童福利督导工作站、在村（社区）落实儿童福利督导员，共配备专（兼）职儿童福利督导员。

四川省成都模式——推动创新政府社会协同机制

成都市坚持行政部门和社会组织协作并举的两条腿走路模式。在行政力量方面，由市农村留守儿童联席会议办公室统筹民政、教育、司法、卫生、残联等多部门资源，协调政府相关职能部门，以多种形式开展各种关爱保护活动。在社会组织方面，利用省会城市社会组织发达的地域优势，积极尝试通过政府购买服务的方式，引入社会组织开展农村留守儿童关爱保护工作。

四川省德阳模式——发挥司法保护利剑作用

德阳市在农村留守儿童关爱保护工作中，坚持关爱与打击两手抓的工作策略，一方面，通过落实关爱保护政策、加大资金投入等方式提高关爱保护工作水平；另一方面，加大对遗弃、虐待、暴力伤害儿童等违法行为的打击力度。

四川省眉山模式——打造综合施策源头治理典范

眉山市立足解决农村留守儿童父母致富增收的工作实际，增加就业机会，提供外出务工人员返乡致富新途径，从源头上减少农村留守儿童现象的发生。深挖城乡就业潜力，优先录用周边返乡务工人员，实现复盛乡农村劳动力就近就业致富，从源头上减少儿童留守现象。

（案例来源：新华网，http：//www.xinhuanet.com/gongyi/2017－12/27/c_129775427.htm。）

（二）案例评析

农村留守儿童是民生的痛点和难点，农村留守儿童问题是我国城乡发展不均衡、公共服务不均等、社会保障不完善等问题的深刻反映。《中国儿童福利与保护政策报告2019》显示，截至2018年8月底，全国共有农村留守儿童697万人。2016年国务院颁布的《关于统筹推进县域内城乡义务教育一体化改革发展的若干意见》提出：加强留守儿童关爱保护。各地要落实县、乡人民政府属地责任，建立家庭、政府、学校尽职尽责，社会力量积极参与的农村留守儿童关爱保护工作体系，促进农村留守儿童健康成长。要深入排查，建立台账，全面掌握留守儿童基本情况，加强关爱服务和救助保护，帮助解决实际困难，确保留守儿童人身安全。2016年2月，国务院《关于加强农村留守儿童关爱保护工作的意见》颁布，首次提出解决农村留守儿童问题的顶层设计。要从源头上改变"儿童进不了城，父母回不去乡"的无奈现实，实现"到2020年儿童留守现象明显减少"的目标。

上述案例中，农村留守儿童数量和规模居全国之首的四川，把儿童关爱保护工作列入民生大事加以推动落实。四川省各地从实际出发，创新工作思路，细化工作举措，呈现出多点突破、全面开花的儿童关爱保护保障工作良好发展态势。广元模式注重延伸做实关爱服务平台，巴中模式侧重织密构建基层服务网络，成都模式则积极推动创新政府社会协同机制，德阳模式注重发挥司法保护利剑作用，眉山模式重点打造综合施策源头治理典范。这些不同地区的不同模式都促进了农村留守儿童的健康成长。截至2018年底，31个省份全部出台具体实施方案，将农村留守儿童关爱保护纳入经济社会发展规划，进一步完善政策规定和保障措施。2018年，全国农村留守儿童和困境儿童信息管理系统全面启用，31个省份全部完成农村留守儿童信息采集及数据录入工作。

案例3－21　残疾孤儿的抚养问题

（一）案例描述

2007年底，湖北省武汉市儿童福利院探索了两户"类家庭"养育模式，即由一对爱心夫妇担任"爸爸"和"妈妈"，在儿童福利院提供的住房内，与2～4名儿童组成一个家庭，"妈妈"负责在家照顾孩子的饮食起居、学习教育等，"爸爸"白天外出工作，晚上回家后协助干家务、辅导孩子学习，促进孤残儿童社会能力的提升以及获得更趋于正常的社会化成长环境，帮助孤残儿童回归家庭、融入社会。

48岁的蔡某某担任爱心妈妈还不到1个月，她是市儿童福利院龙泉山分院首批爱心妈妈。她带着丈夫一起来到这里，白天丈夫在儿童福利院食堂工作，有2000多元收入，她自己有3000元收入。"院里免费提供我们俩的食宿，我们是带着爱心来到这里的。"蔡某某说。

蔡某某的“类家庭”中有两男、两女四个孤残孩子，三室一厅的分配是两个男孩住在一间子里、两个女孩住在一间房间里，每人一个单人床，她和丈夫住在一个双人床房间里。房间有卫生间、厨房、冰箱、电视，各种少儿图书、智力玩具都有。福利院规定，每周为孩子们制定健康食谱，早上吃什么、中午吃什么，都有讲究，食材都是福利院提供的。早餐牛奶是必需品，中晚餐最少三菜一汤、荤素搭配，节假日最少八菜一汤。“孩子们过生日，我们还会买生日蛋糕，举办生日宴，让孩子们真正感受到有家的幸福。”蔡某某说。

（案例来源：新华网，http：//www.hb.xinhuanet.com/2017－06/02/c_1121078477.htm。）

（二）案例评析

该案例反映的是儿童福利院对孤残儿童的收留抚养问题。《中华人民共和国未成年人保护法》第四十三条规定：“县级以上人民政府及其民政部门应当根据需要设立救助场所，对流浪乞讨等生活无着未成年人实施救助，承担临时监护责任；对孤儿、无法查明其父母或者其他监护人的以及其他生活无着的未成年人，由民政部门设立的儿童福利机构收留抚养。未成年人救助机构、儿童福利机构及其工作人员应当依法履行职责，不得虐待、歧视未成年人。不得在办理收留抚养工作中牟取利益。”2019年实施的《儿童福利机构管理办法》第四条规定：“儿童福利机构应当坚持儿童利益最大化，依法保障儿童的生存权、发展权、受保护权、参与权等权利，不断提高儿童生活、医疗、康复和教育水平。儿童福利机构及其工作人员不得歧视、侮辱、虐待儿童。”

上述案例中，湖北省武汉市儿童福利院招募爱心爸妈48岁的蔡某某和其丈夫，探索建立“类家庭”养育模式，这种模式既可以让孩子在家中享受父母亲情与个别化照料，让残疾孩子亲情关系得以建立，情感世界更完整，身心更健康，又可以方便地享受到政府提供的医疗救治和康复特教。湖北省武汉市儿童福利院的这种尝试能够更好地实现儿童利益的最大化，保障儿童的各项权益。

家庭寄养注重残疾儿童心理和情感上需要，减少了所需康复和特殊教育专业人员的数量，减少了人员编制等一系列经费开支，也为政府节省了大量设施建设的财政投入。但进行家庭寄养，需要建立严格的收养审查制度，引入第三方专业机构进行收养评估，收养家庭领养小孩之后也需不定时地接受机构社会工作者的家访，对孩子的生活情况进行审查，确保其在良好的环境下健康成长。

参考文献

1. 包国宪，刘红芹．政府购买居家养老服务的绩效评价研究［J］．广东社会科学，2012（2）．

2. 曹艳春等．从“低保”标准到“家庭运行标准”——社会救助制度的革新与设计［J］．现代经济探讨，2016（4）．

3. 关信平．论现阶段中国社会救助制度目标提升的基础与意义［J］．社会保障评论，2017（4）．

4. 何文炯．基本养老保险制度应当“边统边改”［J］．中国人力资源社会保障，2018（3）．

5. 林闽钢．新历史条件下“弱有所扶”：何以可能，何以可为？［J］．理论探讨，2018（1）．

6. 刘钧．社会保障案例评析［M］．北京：中国劳动社会保障出版社，2007.

7. 李春根，廖彦．论精准扶贫背景下农村低保对象的诚信机制建设［J］．山东社会科学，2017（3）．

8. 刘继同．国家与妇女：中国妇女社会政策的历史转变与结构特征［J］．福建论坛·人文社会科学版，2017（10）．

9. 龙玉其．社会保障案例评析［M］．北京：经济管理出版社，2016.

10. 栾文敬等．我国儿童医疗救助政策回顾与评析［J］．中国卫生经济，2012（9）．

11. 陆士桢．建构中国特色的儿童福利体系［J］．社会保障评论，2017（3）．

12. 孙菊，甘银艳．慈善医疗救助发展的现状、问题与对策［J］．社会保障研究，2015（2）．

13. 仇雨临，王昭茜．全民医保与健康中国：基础、纽带和导向［J］．西北大学学报（哲学社会科学版），2018（3）．

14. 青连斌．我国养老机构基本情况的调查与初步分析［J］．晋阳学刊，2017（1）．

15. 全国人大内务司法委员会调研组．关于应对人口老龄化与发展养老服务的调研报告［J］．社会保障评论，2017（1）．

16. 王三秀．积极老龄化理念的我国教育养老服务模式初探［J］．中共浙江党校学报，2017（1）．

17. 徐瑞蓉．关于推进政府购买服务的思考［J］．经济研究参考，2014（35）．

18. 姚建平．中国城市低保瞄准困境：资格障碍、技术难题，还是政治影响？［J］．社会科学，2018（3）．

19. 杨立雄．中国老龄服务产业发展研究［J］．新疆大学学报（哲学社会科学版），2017（3）．

20. 赵银侠，余晓艳．西部农村失能老人养老照护服务实证研究——以西安市农村为例［J］．陕西行政学院学报，2015（2）．

21. 中国人民大学公共管理学院．公共部门人力资源管理与社会保障案例［M］．北京：中国人民大学出版社，2017.

22. 郑功成．坚持以人民为中心，不断增强民生“三感”［J］．中国纪检监察，2018（5）．

23. 郑秉文．推进“居家社区养老服务”全覆盖是提升养老服务质量重要体现［J］．中国民政，2017（3）．

24. 左停．进一步明确低保兜底的定位和对象［J］．中国民政，2017（9）．

后　记

《社会保障案例评析》教材的编写经历了二年多时间，是内蒙古财经大学课程建设与教学改革项目的研究成果。

《社会保障案例评析》教材，是集体智慧的结晶。本案例教材由内蒙古财经大学娜仁图雅教授担任第一主编，乌仁格日乐副教授担任第二主编。具体分工为：娜仁图雅教授撰写养老服务案例；乌仁格日乐副教授撰写养老保险与工伤保险案例；魏瑞清副教授撰写医疗保险案例；任海霞副教授撰写最低生活保障、教育与儿童福利案例；齐银昌教授撰写失业保险案例；王美玲（研究生）、张香春（研究生）共同撰写医疗救助案例；乌达巴拉（研究生）、刘晓菲（研究生）、婷婷（研究生）共同撰写生育保险案例。初稿形成后，娜仁图雅教授、乌仁格日乐副教授进行了修改和统纂。感谢参与编写的老师和硕士研究生。

本部教材编写中，参考了《中国劳动保障报》《中国养老网》等提供的案例。在参考媒体有关案例的基础上，参阅了我国现行社会保险、社会救助、社会福利、就业和保障性住房的相关法律、法规，对相关案例进行了原理和政策分析。同时，针对案例涉及的相关问题，设置了相关知识链接，希望读者在了解社会保障相关问题的同时，能够了解社会保障制度的法律、法规。编写中，参考首都师范大学龙玉其副教授的《社会保障案例评析》、中央财经大学刘钧教授的《社会保障案例评析》、中国人民大学公共管理学院组编的《公共部门人力资源管理与社会保障案例》等教材。在这对这些专家学者深表感谢！感谢内蒙古财经大学教务处领导与财政税务学院领导的大力支持！

对选出的部分经典案例进行了评析，但由于时间关系和学识有限，分析评价可能较粗浅，并且可能存在诸多问题，恳请广大读者批评指正。

编　者

2019 年 1 月